W0058236

Andrea Moutty

Klar und wach

Die energetische Reinigung und Aufladung

IRIS

Bücher haben feste Preise.
1. Auflage 2016

Andrea Moutty
Klar und wach

© Neue Erde GmbH 2016
Alle Rechte vorbehalten.

Titelseite:
Foto: Vaclav Volrab/shutterstock.com
Gestaltung: Dragon Design, Wendland/Elbe

Satz und Gestaltung:
Dragon Design, Wendland/Elbe
Gesetzt aus der Whitman und der Rotis Semi Sans

Gesamtherstellung: Appel & Klinger, Schneckenlohe
Printed in Germany

ISBN 978-3-89060-691-0

IRIS ist ein Imprint bei Neue Erde

Neue Erde GmbH
Cecilienstr. 29 · 66111 Saarbrücken
Deutschland · Planet Erde
www.neue-erde.de

Inhalt

Einführung

Als ich selbst im Jahre 2005 mit dem Thema »Energetische Reinigung« in Kontakt kam, führte ich ein Leben, wie es sicher viele leben. Beruflich war ich in einer Führungsposition extrem eingebunden. Urlaube gab es daher nicht. Auch Wochenenden waren ersatzlos gestrichen. Tatsächlich arbeitete ich 360 Tage im Jahr und das, zu diesem Zeitpunkt, bereits im neunten Jahr. Ausnahmen waren Ostern und Pfingsten. Ohne je darüber nachgedacht zu haben, waren das meine heiligen Tage. Ich versuchte mir wenigstens diese frei zu halten. Und die Formulierung »ich versuchte« lässt schon vermuten… es ist mir nicht immer gelungen.

Meine Partnerschaft verlief schwierig. Mein Mann war ebenso eingebunden im Beruf, und dies hielt uns zusammen. Wir sprachen die gleiche Sprache. Außer uns natürlich niemand mehr. Denn was hatten wir schon zu erzählen? Firma, Firma, Probleme, Firma, Probleme, Firma…

Und was hatten die anderen zu erzählen?

Kinder, Haus bauen, Urlaub machen, arbeiten, Haus weiter bauen, arbeiten, das Zahnen der Tochter, die Einschulung des Sohnes, Trennungen, Hochzeiten…

Alles viel zu fremd und auch zu unwichtig, aus meiner Perspektive betrachtet. Hatten die denn nichts Wichtigeres zu tun?

Die Kurzfassung ist: Soziale Kontakte waren bereits eliminiert. Freizeit gab es sowieso nicht mehr. Die Partnerschaft löste mehr Tränen der Verzweiflung statt Tränen der Freude aus. Familie? Ufff… wann das denn auch noch?

Wie ferngesteuert lebte ich also mein Leben und dachte, dass alles in bester Ordnung sei. Und hätte mir der wirtschaftliche Verlauf der Firma nicht massive Sorgen und Nöte bereitet, hätte ich mich niemals darauf eingelassen, eine hohe geistige Ebene um Rat zu fragen. Die Visitenkarte eines Channelmediums lag bereits seit weit über einem Jahr in meinem Wohnzimmer. Ich hatte sie nie weggeräumt. Und doch fand ich den Gedanken, mit »Engeln telefonieren« zu wollen, sehr merkwürdig. Aber irgendwann war mein Leidensdruck zu groß, und ich nahm den Hörer zur Hand.

Nun würde ich gerne davon berichten, dass ich die ultimative Lösung bekam und dass sich alles zum Besten entwickelt hat. Aber so war es ganz und gar nicht. Wobei das natürlich nicht ganz stimmt. Aber eben ganz und gar nicht so, wie ich es mir vorgestellt hatte. Denn leider – oder Gott sei Dank?! – ist dieses bemerkenswert klare Channel-Medium an eine solch hohe Ebene angeschlossen, dass diese zu keinem Zeitpunkt Lösungen anbietet oder einfach mal so den Zauberstab schwingt, und alles ist wieder gut. Ich jedoch hatte mir das ganz anders vorgestellt. Denn schließlich haben Engel doch den direkten Draht zu Gott und können alles.

Ja, das mit dem direkten Draht zu Gott durfte ich erfahren, den haben ich und auch du selbst. Die Sache mit dem Zauberstab würde bedeuten, dass sie in den freien Willen eingreifen, was nicht im Sinne des Göttlichen ist. Und ich war mir doch so sicher, dass mein freier Wille will, dass meine berufliche Situation sich in der besten und schönsten Form verändert und ich wieder Kraft und Freude in meinem Leben habe. Aber diese hohe Ebene – die Ebene der Erzengel und der Aufgestiegenen Meister – meinte ganz offensichtlich nicht jenen freien Willen, den ich mir in meinem Leid zurechtträumte. Sie meint den freien Willen auf einer ebenso hohen Ebene.

Während ich diese Zeilen jedoch vor mich hinschreibe und mir meine damalige Sehnsucht noch einmal vor Augen halte…

»… dass meine berufliche Situation sich in der besten und schönsten Form verändert und ich wieder Kraft und Freude in meinem Leben habe«

… muss ich schmunzelnd feststellen: *Es ist vollbracht!*

Und doch hat sich alles ganz anders entwickelt, als ich es mir hätte ausdenken können.

Meine Schwester hatte mir damals die Visitenkarte in die Hand gedrückt. Wir sind uns nah. Also werden Gedanken und Entwicklungen im Leben oft gemeinsam erlebt. Auf diese Weise sind zu meiner Überraschung dieses wunderbare Medium, meine Schwester und ich Freundinnen geworden. Durch diese Freundschaft hat sich mein Weltbild verschoben, und eines Tages kam der Hinweis aus der Hohen Ebene, dass wir gemeinsam eine Zeit der geistigen Unterweisung durchlaufen könnten. Hierüber solle sich jedoch jede von uns Gedanken machen, ob wir dies wirklich wollten.

Ich weiß nicht, wie oft dieses Angebot bisher auf dich zugekommen ist. Für uns war diese Möglichkeit überraschend und aufregend. In diesem Überschwang mussten wir natürlich nicht lange nachdenken. Wir alle drei nickten die zukünftige Zusammenarbeit freudig ab.

Was folgte, war schon wieder nicht das, womit wir gerechnet hatten. Vorgestellt hatten wir uns, knackige Antworten auf alle Fragen zu erhalten, die uns schon immer auf dem Herzen lagen… über das Leben, das Universum und den ganzen Rest. Und natürlich mit einem mächtigen Vitamin B in allen schwierigen Lebenslagen. Aber dieses Vitamin B – dieses »Vitamin Beziehungen« – hatte anderes im Sinn. Denn es ging hierbei zu keinem Zeitpunkt um eine schnelle Lösung. Es ging darum, die Dinge zu durchdringen und eine tiefe Wandlung zu erfahren. Ein lieber Freund würde nun sagen: »Das war nicht an jedem Tag vergnügungssteuerpflichtig.«

Diese Form der Ausbildung darfst du dir nicht in menschlichen Maßstäben vorstellen. Nichts davon kann man eins zu eins in ein Seminar verwandeln und an andere weitergeben. Alle Einheiten, die meisten davon sind energetischer Natur, mussten – und müssen bis heute – empfangen, angewandt, erfahren, durchdrungen und in Leben verwandelt werden. Aus diesen Erfahrungen kann es dann möglich sein, Wissen weiterzugeben – wenn auch leider schon wieder kein Wissen, das wie ein Zauberstab wirkt. Es muss empfangen, angewandt, erfahren, durchdrungen und in Leben verwandelt werden.

Hab jetzt keine Angst! Ich lebe ja auch noch. Und ebenso meine Schwester sowie unsere liebe Freundin.

Bei all dem, was wir erfahren haben, und bei all dem, was wir angewandt haben, die eine Sache erlebe ich als wichtigste Grundlage. Als Basis von allem. Als Rettung in allen Lebenslagen, in allen Gefühlslagen, in allen Beziehungen, in allem eben. Die Energetische Reinigung!

Sie ist so wichtig, dass ich sie bereits seit Jahren in bestimmten Ausbildungsmodulen weitergebe. Und ich dachte immer, das würde reichen. Eines Tages kam eine liebe Bekannte auf mich zu und forderte in eindeutigem Tonfall: »Kannst du nicht endlich mal ein Hörbuch oder ein Buch zu dem Thema machen? Das ist immer so anstrengend, den Leuten zu erklären, was eine Energetische Reinigung ist.«

Huch, welch klare Ansage. Ein Buch schreiben. Einfach mal so. Also reinige ich, lasse es rutschen und warte ab. Irgendwann wird der Impuls kommen, wenn es soweit ist. Und er kam. Du hast es also Simone zu verdanken, dass du jetzt dieses Buch in Händen hältst.

Noch eine kleine Vorbemerkung:

Wie du bereits bemerkt hast, wähle ich hier die Ansprache in der Du-Form. Dies soll dich nicht reduzieren. Ganz im Gegenteil. Ich erzähle dir auf diesen Seiten eine ganz persönliche Geschichte mit ganz persönlichen Erfahrungen. Mir tut es wohl, mir vorzustellen, dass du vor mir sitzt und ich mich mit dir unterhalte. Also nimm dir gerne noch eine schöne Tasse Kaffee oder eine Tasse Tee zur Hand und setze dich zu mir. So macht Plaudern die größte Freude.

Damit die Lesbarkeit erleichtert wird, nutze ich meist die weibliche Form und erspare dir und mir Doppelbezeichnungen und auch Wortkombinationen aus männlicher und weiblicher Form. Fühle dich bitte nicht ausgeschlossen, wenn deiner Person durch die jeweilige Formulierung grammatikalisch nicht korrekt entsprochen wird.

Reinigen und das Warum

Lasse einen kurzen Moment dein Leben in inneren Bildern aufsteigen. Du musst dies gar nicht steuern. Wenn du es willst, kommen sie von selbst. Manche Bilder erfreuen dich. Und andere erschrecken dich. Manche Bilder tun dir weh. Und andere bringen dein Herz zum Lachen. Vielleicht tauchen Menschen auf, denen du begegnet bist. Einige dieser Personen vermisst du bis heute. Sie haben sich eines Tages einfach umgedreht und sind gegangen. Oder du hattest Streit mit ihnen und hast sie aus deinem Leben geworfen; oder sie dich. Einige dieser Menschen sind bis heute in deinem Leben. Manche machen dich glücklicher, manche unglücklicher. Und von manchen würdest du dir wünschen, dass sie einfach verschwinden. Aber es gibt auch die, bei denen du es nicht fassen kannst, dass ihr immer wieder aneinandergeratet. Obwohl du diese Menschen doch so gerne hast oder sogar liebst. Das können dein Mann, deine Frau, deine wunderbaren Kinder, deine Eltern oder deine beste Freundin oder dein bester Freund sein. Sie sind dir so nah, und doch tut es immer wieder weh. Ist das denn zu fassen?

Bei diesen Bildern, die vorbeiziehen, sind vielleicht auch Episoden dabei. Geschichten, die du erlebt hast. Erfahrungen nennt man das. Manchmal würde man sich wünschen, weniger Erfahrungen zu haben. Und manche Erfahrungen sind herzzerreißend wunderbar. Manche Erfahrungen hängen dir heute noch nach. Du kennst die Formulierung »Jemandem etwas anhängen.« Ja, das passiert auch. Dass uns jemand etwas anhängt und wir es einfach nicht wieder aus der Welt bringen. Und es passiert leider auch, dass *wir* jemandem etwas anhängen. Wir sollten es nicht. Denn vielleicht wird auch er es nicht wieder los. Und *wir* haben es mit verursacht.

Wenn ich mit Therapeuten und Energiearbeitern spreche, höre ich ganz oft: »Die Arbeit mit all den Menschen und ihren Themen bleibt einem ja nicht in den Kleidern hängen. Das tut ja etwas mit einem. Und man holt es mit nach Hause.«

Das ist eine Aussage, die ich besonders bedauere. Denn gerade diese Menschen sind beruflich abhängig von ihrer Klarheit, ihrer professionellen Distanz und ihrer Fähigkeit, eigene Prozesse von den Prozessen des Patienten oder des Klienten zu unterscheiden. Wer möchte zudem die Probleme aus Beruf und Arbeit mit in das Privatleben nehmen und sich davon unbewusst oder unbemerkt erschöpfen lassen.

Zudem gibt es noch den ganz normalen Alltag, all die scheinbaren Kleinigkeiten, die einem leider auch selten in den Kleidern hängen bleiben.

Das kennst du sicher auch:

Einen schweren Arbeitstag erlebt, Hektik an der Kasse des Einkaufszentrums, nach Hause kommen, die Schuhe der Kinder stehen schon wieder im Hausflur, ab in die Küche, die Tragetasche mit den Einkäufen verhakt sich an der Küchenzeile, reißt ein, alles liegt am Boden, der Mann kommt rein, fragt »Schatz, wo ist denn mein Fußballtrikot?« und schon … *bumm* … explodiert das Nervenkostüm und der ganze Druck des Tages ergießt sich in die Küche, über den Ehemann, in das Wohnzimmer, durch die Türen in die Kinderzimmer… und alles zieht den Kopf ein, ohne an dem ganzen Schlamassel beteiligt gewesen zu sein.

Wie gut wäre es, wenn du den ganzen Stau deines Tages und vielleicht sogar deines Lebens dort lassen könntest, wo er hingehört? Wie viel weniger Streit und schwierige

Situationen würdest du dann erleben müssen? Wie viel weniger Ungerechtigkeit, die du in deinem Umfeld verteilst oder aber einsteckst? Wie wäre dann die Sache mit der Einkaufstasche abgelaufen? Wäre sie überhaupt eingerissen? Wäre es im Einkaufscenter hektisch gewesen? Und wenn, hättest du es bemerkt? Wäre der Arbeitstag so belastend gewesen, dass der ganze Tag darunter leidet?

Ich sage dir: *Nein*!

Wenn du damit beginnst, die energetische Reinigung in dein Leben zu integrieren, wirst du an vielen Punkten auf dein Erleben und deine Wahrnehmung Einfluss nehmen. Du wirst zu spüren beginnen, wann es in dir rumort, und du wirst dich sehr zeitnah damit beschäftigen. Dein Blick wird auf dem Teil der Situation ruhen, den du beeinflussen und verändern kannst.

Bisher war es vielleicht so, dass du glaubtest, dein Leben wäre so, wie es ist, weil andere so sind, wie sie sind; weil andere das tun oder getan haben, was sie tun oder getan haben. Bisher hast du vielleicht geglaubt, dass alles viel besser wäre, wenn diese Anderen ihr Verhalten dir gegenüber ändern. Aber sie haben es nicht geändert. Und sie werden es auch nicht tun. Denn *du* bist der Schlüssel zu allem. *Nicht* die anderen.

Wenn du dir den Glauben daran erhältst, dass die anderen dein Erleben bestimmen, gibst du in diesem Moment deine Macht ab. Dann glaubst du, dass du lediglich eine Marionette deines Umfeldes und deiner Erfahrungen bist – wie ein Computer, der von außen eingespeiste Programme abspielt.

Jemand kommt vorbei, zickt dich an und steckt gleichzeitig einen Programmchip in dich hinein. Du hast durch diesen

Programmchip ab jetzt keine andere Wahl als ebenso zurück-zuzicken. Wenig später begegnet dir deine Kollegin und weist dich auf einen Fehler hin. Und mit diesem Hinweis versenkt sie ebenfalls einen Programmchip in dir, der dich in schwächende Gefühle führt und dich denken lässt, dass du unfähig, nicht gut genug oder schwach bist – ein Gefühl, das du in dieser Situation nicht zugeben kannst und das sich deshalb bei nächster Gelegenheit in deinem ausgedehnten Tratsch über diese Kollegin ergießt.

Ist das so? Haben die Menschen um dich herum wirklich Chips, die sie in dich hineinstecken, womit sie dich mit einem Emotionsvirus infizieren, durch den du gar nicht anders kannst, als traurig, wütend, gekränkt, verletzt, enttäuscht… zu sein? Bist du wirklich ausgeliefert und kannst nichts dagegen tun?

Es wird höchste Zeit, sämtliche Fremdchips zu entfernen!

Erfahrungen, Erfahrungen, Erfahrungen

Du und ich und wir alle sind bereits eine ganze Weile unterwegs. Wie alt bist du? Da sind schon einige Jahre an dir vorübergezogen. Vielleicht hast du ein ähnliches Weltbild wie ich. Ich sehe mein Leben als endlose Erfahrung in einer Reihe von körperlichen und körperlosen Existenzen, in einer zeitlosen Zeit. Aber ganz gleich, wie wir beide unsere Welt sehen: Uns sind eine Menge Dinge begegnet. Alle diese verschiedenen Erfahrungen haben zu Reaktionsmustern geführt.

Als gängigstes Beispiel darf stets die heiße Herdplatte herhalten. Wir mussten meist am eigenen Leib erfahren, dass unsere Hand auf einer heißen Herdplatte wirklich hässliche Verletzungen erfährt. Es tut so weh! Spätestens jetzt war uns klar, dass wir das in Zukunft unterlassen sollten. Sind wir erwachsen, haben wir verstanden, dass diese Herdplatte nicht schuld an unseren Verbrennungen war. Aber aus der Perspektive eines Kindes sieht das ganz anders aus: *Natürlich* ist die Herdplatte schuld! Aber ganz gleich, wer schuld ist: Wir meiden heiße Herdplatten.

In unserem Leben – in allen unseren Existenzen – sind uns viele Herdplatten begegnet. Und wir meiden sie. So eine heiße Herdplatte kann das Fliegen sein oder das Reisen ins Ausland. So eine heiße Herdplatte kann sich auch im Umgang mit Behörden zeigen oder sogar, wenn man eine Person kennenlernt, der man irgendwie nicht traut. Sie hat einem nichts getan, und doch sagt unser Bauch: »Hier stimmt etwas nicht.« Wer weiß, vielleicht war sie in irgendeinem Leben eine heiße Herdplatte für uns. Oder sie erinnert uns an eine andere Person oder eine andere Erfahrung in *diesem* Leben.

Nun haben wir uns so viele heiße Herdplatten gemerkt, ohne uns bewusst daran erinnern zu können. Und dies führt unter anderem dazu, dass wir bestimmte Situationen meiden oder Menschen oder Orte oder Materialien oder sogar Gefühle. Im besten Falle fällt es uns gar nicht auf. Unangenehm wird es dann, wenn wir so gerne etwas wollen, uns aber nicht trauen. Vielleicht trauen wir uns nicht, uns zu trauen; damit meine ich, einen geliebten Menschen zu heiraten. Oder aber man würde so gerne mal nach Paris reisen. Wenn nur die Landesgrenze nicht wäre, die man dafür überschreiten muss. Oder man wäre gerne selbständig, aber die Angst vor der fehlenden Sicherheit hindert einen an der Umsetzung. Oder man traut sich nicht, vor vielen Menschen zu sprechen, was für einen Lehrer oder einen Ausbilder verheerend ist.

Wie sollen freie Entscheidungen gefällt werden, wenn so viele Altlasten in den Gefühlen, den Gedanken, den Systemen, in der bewussten und unbewussten Erinnerung, in den Zellen festsitzen? Wir sind die Summe all unserer Erfahrungen, heißt es immer. Und das ist eine großartige Feststellung. Denn sie bedeutet: *Du* bist genau *jetzt* das *Beste*, was du *jemals* warst. Denn du bist die Summe von all dem, was du jemals gelernt hast. Lass dir also niemals das Gefühl vermitteln, du wärest dumm oder unfähig. Du bist *unglaublich genial* und *wissend*! Dieses Wissen darf noch mehr in dein Bewusstsein zurückkehren, damit du es nutzen kannst. Aber es ist da!

Leider scheint dieser Satz: »Du bist die Summe all deiner Erfahrungen« auch einen Fluch in sich zu tragen. Denn manche Erfahrungen scheinen uns zum Opfer zu machen. Sie hindern uns, Dinge mit Freude und Erfolg zu tun, die wir so gerne tun würden. Andere Dinge tun wir sehr verquer und produzieren Probleme, die nicht unbedingt nötig wären.

Hätten wir einen klareren Blick auf uns selbst, würden wir schwierige Situationen anders wahrnehmen und einschätzen. Wir würden eben nicht mehr der vermeintlich heißen Herdplatte die Schuld für unsere verbrannte Hand geben. Wir würden erkennen, dass sie zu unserem Erfahrungsschatz gehört, der stetig wächst. Nun können wir anderen bereits von dieser Herdplatte berichten, damit sie diese Erfahrung nicht mehr selbst machen müssen. Wir erleichtern oder retten fortan das Leben anderer. Aus der Perspektive des Kindes stellt sich dieses Dilemma jedoch ganz anders dar: Die Herdplatte ist schuld!

Es wird Zeit die kindliche Perspektive: »Die Herdplatte ist schuld!« mehr und mehr hinter sich zu lassen. Je erwachsener wir an den einzelnen Punkten unserer Erlebniswelt werden, um so mehr erkennen wir den Wert und die Schönheit all unserer Erfahrungen. Wir erkennen auch, dass unser Leben nur aufgrund all dieser Erfahrungen an den Punkt geführt hat, an dem wir damit beginnen, uns auf einer neuen und förderlichen Ebene mit uns selbst zu beschäftigen – auf einer Ebene, die den Nebel lichtet und den Blick auf Zusammenhänge freigibt, auf den Geist der Dinge, darauf, wie das *Es* in uns – in *dir* – denkt, sieht und lebt. Und wir werden immer freier von alten schmerzhaften Erfahrungen, die das aktuelle Leben zu beengen scheinen.

Wenn deine Wohnung in Erinnerungsfotos an der Wand, in Merkzettel an den Pinnwänden, in der ungeöffneten Post und den übriggebliebenen Briefumschlägen zu versinken droht, in den gelesenen und ungelesenen Zeitschriften und Büchern, in den Kaffeekringeln auf dem Tisch, den Zahncremeresten im Waschbecken, der klebrigen Hundenase an den Fenstern, in den Frühstückskrümeln in den Sofaritzen, in deinem überlaufenden E-Mail-Postfach… Ja ja, das sind alles gespeicherte Erinnerungen und Erfahrungen! Und in deinem eigenen Energiesystem wird es dann wohl nicht anders aussehen.

Aber, die Frage ist, was *machst* du dann?

Ich weiß, was *ich* mache. Es kommt der magische Punkt, da räume ich auf. Ich schnappe mir eine große Pappkiste und miste aus. Und wenn ich gerade dabei bin, fällt mir ein, dass die Betten auch noch neu bezogen werden müssen, da dort die Erinnerung der letzten Erkältung noch in den Kissen steckt. Und ich ziehe die Sitzkissen vom Sofa und den Sesseln und sauge dazwischen. Ich tue also nichts anderes als *du*, wenn es einfach zu unübersichtlich wird.

Und genau das *tun* wir ab *jetzt* bitte auch in unserem *Leben*!

Wir übernehmen unser Leben wie eine Königin ihr Reich. Eine gute Regentin sorgt als erstes für all die Dinge, die sie selbst betreffen. Menschen, die sich auf all das stürzen, was andere angeblich zu tun haben, und enttäuscht sind, wenn das Ergebnis den eigenen Vorstellungen nicht gerecht wird, könnte man als Opfer bezeichnen.

Eine Regentin ist *kein* Opfer. Wenn überhaupt, nimmt sie die Rolle des Täters ein. Ein Täter ist jedoch nicht zwingend jemand, der anderen etwas Schlechtes antut. In erster Linie ist es jemand, der etwas *tut*. Damit er auch weiß, was er tut, ist es unbedingt erforderlich, dass er einen klaren Bezug zu sich und zu dem bekommt, was er ist, was er will und was er braucht.

Wie jeder von uns, beginnt auch eine Königin den Tag mit ganz normalen Dingen. Eine Königin wird sich kaum in schmuddeliger Umgebung aufhalten. Und noch weniger wird sie selbst schmuddelig durch den Tag gehen. Wir wissen alle, wie wir uns fühlen, wenn wir uns nicht gewaschen haben und den Tag in Schlabbershirt und Schlafanzughose verbringen. So wird eine Königin sich einer notwendigen Hygiene und einer angemessenen Kleidung bedienen. Sie wird stets in gutem, sauberem Umfeld wohnen und ihren eigenen »Dunstkreis« sauber halten.

Dies ist nicht so zu verstehen, dass du dich morgens waschen sollst, um dich dann würdig anzuziehen. Es gibt lange Strecken im Leben, in denen wir kaum noch die Kraft haben – und leider allzu oft nicht einmal das Geld –, um uns Kleidung zu gönnen, die unserer würdig wäre. In diesen Strecken des Lebens dürfen wir stolz auf uns sein, wenn wir trotz Kraftlosigkeit und Traurigkeit oder gar Depression eine angemessene Körperhygiene aufrechterhalten können.

Dennoch bist du dabei zu beschließen, die nächste Zeit mit einem Lebensprojekt zu experimentieren, das dich immer weiter in deine Kraft führen soll. So darfst du dich schon jetzt auf die schönen Kleider freuen oder auf die hochwertigen Pflegeprodukte und Rituale wie das Eincremen oder dich mit einem sinnlichen Parfum beduften. Auch Schmuck gehört zu einer Frau und der liebevolle Blick auf das eigene Spiegelbild. Und ein herrlicher Lippenstift ist wirklich etwas Schönes – nicht nur in der Wirkung auf die Männer um uns herum.

Wenn ich hier von Hygiene rede, meine ich die energetische Hygiene. Diese ist noch unerlässlicher als das Zähneputzen.

Wenn du dich wirklich dafür entscheidest, dein Leben auf einen neuen und erfreulichen Weg zu führen, gehört eines ganz unverzichtbar dazu: die Energetische Reinigung!!

Hier jedoch liegen einige der größten Probleme. Zunächst in der Regelmäßigkeit. Denn Reinigung bedeutet: täglich! Und hierbei handelt es sich nicht nur um eine kleine Angewohnheit.

Es handelt sich um nichts Geringeres als eine Lebensentscheidung.

Als ich selbst damals mit diesem Thema konfrontiert wurde, wusste ich noch nicht, worauf ich mich einlasse. Dass es so etwas wie Energetische Reinigung gibt, war mir bereits seit Jahren bekannt. Und ich bekam auch ein kurzes Gebet in meine Hände, das diese Reinigung unterstützen sollte. Dieses habe ich manchmal genutzt und dann auch wieder nicht – wie wohl viele von uns. Denn was der Sinn dieser Reinigung war, hatte sich mir einfach nicht erschlossen. Und was ich nicht verstehe – mit Herz und Verstand –, mache ich nicht.

Dann erkannte ich durch die liebevolle aber klare Unterweisung unserer geistigen Führung, dass mein System – mein Körper – aus so vielen Schichten besteht, die seit unendlichen Jahren, Jahrzehnten oder sogar Jahrtausenden von Erlebnissen, von Verletzungen, von Kontakten zu anderen Menschen und nicht zuletzt von allen möglichen Dingen und Wesen durchzogen sind, die ich gar nicht näher erkennen oder benennen möchte.

So entstehen bei jeder Kontaktaufnahme mit Menschen, Tieren, Pflanzen und auch Objekts Verbindungen. Das sind angenehmere und unangenehmere. Dies kannst du bereits daran erkennen, dass deine Gedanken dorthin gehen. Alleine diese Gedanken vermögen eine Verbindung herzustellen. Sie funktionieren wie eine Telefonleitung. Du denkst an etwas oder an eine Person, und schon bist du mit ihr verbunden. Das hast du sicher schon oft erlebt: Du denkst an deine Freundin, und schon klingelt das Telefon. Du hast dich zuvor durch deine Gedanken mit deiner Freundin verbunden, und sie hat das unbewusst gespürt. Vielleicht war es aber auch so, dass deine Freundin daran gedacht hat, dich anzurufen, damit einen Gedankenimpuls an dich gesandt, der dann von dir aufgefangen wurde. Es ist eben nicht immer so klar, wer zuerst da war: das Huhn oder das Ei.

Bei jeder dieser Verbindungen vermischen sich Gedanken, Gefühle oder sogar ganze Anteile von dir mit anderen oder mit anderem. Viele Menschen sind sehr stark mit ihrem Haus verbunden, und die Gedanken richten sich oft auf damit zusammenhängende notwenige Verpflichtungen oder Belastungen aus. Oder man macht sich Sorgen darum, ob das Auto, das an der Straße parkt, beschädigt oder ob die neue Gartensolarleuchte gestohlen werden könnte. Wenn du dich bei solchen Gedanken ertappst, hast du dich bereits mit diesen Objekten verbunden. Die Telefonleitung steht. Bist du jedoch verbunden – man könnte auch sagen: angebunden –, bist du nicht mehr frei in deinem Denken und somit nicht mehr frei in deinem Fühlen und in der Folge nicht mehr frei in deinem Handeln. Denn immer wieder rutschst du in die Verbindung zu diesen Dingen oder diesen Personen. Du kannst beinahe nichts dagegen tun. Und oft geschieht dann genau das, was du befürchtet hast. Denn durch diese Standleitung wird so viel Energie erzeugt, dass sich all die zugehörigen Gedanken zu manifestieren beginnen. Mit guten Gedanken geschieht das ebenso. Das ist das Erfreuliche. Du darfst sehr gerne weiterhin die guten, hilfreichen, unterstützenden Standleitungen aufrechterhalten. Verändern wollen wir lediglich die energetischen Verbindungen, die Umstände verursachen, die dich belasten.

Diese unbegrenzte Anzahl von Kontakten und Verbindungen mit allem, was da so kreucht und fleucht, kann man nun sehr bildlich gesehen so verstehen, dass sich Energien und Energiemuster mit dem eigenen System vermischen und dort Störungen oder eine Art Smog verursachen. Irgendwann bist du dann so überladen, dass du die Informationen, die wirklich zu dir gehören, nicht mehr von dem unterscheiden kannst, was eigentlich zu jemand oder etwas anderem gehört.

Niemand von uns käme auf die Idee, sich eine falsche Blutgruppe in die Venen injizieren zu lassen. Hier ist jedem noch so Unkundigen klar, dass dies im besten Fall krank macht, im schlimmsten Fall tödlich ist.

Kennst du das Phänomen?

Du warst mit deiner besten Freundin essen und diese war so richtig zornig. Den ganzen Abend hat sie vor sich hin gemeckert und gezetert. Und als du dann zu Hause angekommen bist, warst du so nervös und genervt, dass auch du herumgemeckert und gezetert hast. Leider bist du inzwischen so in die Emotionen deiner Freundin eingetaucht, dass du kaum noch merkst, dass sie dich regelrecht angesteckt hat. Und auf diese Art bekommst du vielleicht sogar Streit mit deinen Lieben zu Hause und steckst sie deinerseits an.

Um sich wieder Schritt für Schritt vor dem zu lösen, was sich in all den Jahren an und in dir festgesetzt hat, benötigst du die wertvollen Techniken der Reinigung. Hier darfst du dir nicht vorstellen, dass du dich beschmutzt hast. Nichts im Kosmos ist schmutzig oder dreckig. Hier sind weder Ekel noch Angst angebracht. All diese Informationen und Energien sind ganz wunderbar – nur nicht unbedingt bei und an dir.

Wenn du durch regelmäßige Reinigung dein System wieder freigelegt hast – und damit meine ich, all das, was du bist –, kommst du wieder zu dem, was ist: zu *dir* selbst.

Alles hat seinen Anfang

Als ich selbst das Werkzeug der Energetischen Reinigung zu nutzen begann, war mein Leben so in Zwängen und Notwendigkeiten verhakt und es schien unmöglich, dass es *jemals* wieder besser würde. Die Zusammenarbeit mit der geistigen Ebene, von Engel über Erzengel bis hin zu den Aufgestiegenen Meistern, war mehr als notwendig, um mein Leben in neue Bahnen zu lenken. Der Gedanke der Reinigung war einer der ersten Hinweise, die mir aus dieser hohen Ebene gereicht wurden.

Diese Reinigung hat in all dem Durcheinander und Tumult wie eine Fastenkur gewirkt. Zwar hat mein Körper nicht damit begonnen, unangenehme Gerüche auszudünsten, so wie man es von rein körperlichen Fastenkuren kennt. Und doch kamen Schlacken der Vergangenheit hoch, und mein emotionales System war bei weitem nicht an jedem Tag von dieser Erfahrung begeistert. So gab es Zeiten, in denen ich in ein rechtes Stimmungsloch rutschte. Und in genau diesen Zeiten fragte ich mich, warum ich diesen ganzen Kram überhaupt machte. Schließlich ging es mir subjektiv ohne diesen Quatsch viel besser.

Auf meine Reklamation bei der geistigen Ebene bekam ich die amüsierte Antwort: »Andrea, geliebtes Wesen, ging es dir *vor* diesem Prozess denn wirklich so viel besser?« Das konnte ich mit einem klaren Nein beantworten. Also hatte ich die Wahl zwischen »Igitt, wie scheußlich!« und »Igitt, wie scheußlich!«. Mit der vertrauensvollen Hoffnung auf Verbesserung meiner Lebensumstände entschied ich mich für »Igitt, wie scheußlich!« und machte mit meinem Reinigungsprogramm weiter.

Du musst keine Angst haben, dass du in irgendeinen Abgrund rutschst, wenn du dich für die Zusammenarbeit mit der geistigen Ebene entscheidest und mit der Energetischen Reinigung beginnst. Denn tatsächlich geschieht diese in Zusammenarbeit mit Engeln und Aufgestiegenen Meistern. Du und sie, ihr seid bereits seit endlosen Zeiten inniglich und in Liebe miteinander verbunden, und es ist ihnen eine Freude und Ehre zugleich, dich in deinem Leben und deinen heilenden Prozessen zu unterstützen und zu leiten. Und dennoch sind diese Freunde nicht irgendwo da draußen oder da oben. Sie sind nicht getrennt von dir. Sie bestehen aus reinem göttlichen Licht, dem gleichen Licht, das auch durch dich und mich und alles strömt; dem gleichen Licht, das in jeder einzelnen deiner Zellen, in jedem einzelnen deiner Gene, in jeder kleinsten und feinsten Einheit deines Seins strahlt und verankert ist. Durch dieses Licht kannst du zu keinem Zeitpunkt verlorengehen. Denn es bringt dich bis in zeitlose Zeit in Resonanz mit der höchsten Schwingung. Dieses göttliche Licht macht alles zu dem Gleichen. Zu dem Einen. Zu *Eins*.

Wenn du die Verbindung zu der göttlichen Ebene willst, ist sie da. Denn sie ist nicht göttlicher als du selbst. Dein Licht funkt sozusagen in der gleichen Frequenz und hält den Kontakt zu deinen geistigen Freunden. Sie werden dich *niemals* hängen- oder in schwierigen Situationen steckenlassen. Sie können jedoch keine Wege für dich gehen oder Probleme für dich lösen. Auf einer hohen Ebene möchtest du diese Erfahrungen selbst machen. Sie würden dich dieser Erfahrungen berauben, würden sie einen Zauberstab schwingen.

Sind wir in scheinbar schwierigen Situationen oder Emotionen gefangen, können wir den Sinn darin nicht erkennen.

Aber *du wirst* es eines Tages erkennen. Und wenn du Unterstützung in Klarheit und Richtungsweisung wünschst, gerne auch in Trost, wird dir diese Hilfe umgehend zuteil. Habe also keine Angst und gehe mit Humor aufrecht voran. Schön ist es, wenn du gemeinsam mit Gleichgesinnten – vielleicht einer lieben Freundin – diese Form der Reinigung in dein Leben integrierst. So erfährst du, dass es ihr an den einzelnen Punkten ebenso ergeht wir dir, und du erkennst, dass du dich in einem ganz normalen Reinigungs- und Bewusstwerdungsprozess befindest.

Um zu verstehen, was diese Reinigung bewirkt und warum es nicht wirklich guttut, mit diesem Ritual einfach so aufzuhören, empfehle ich die folgende Übung durchzuführen, ganz gleich, wie unnötig oder gar blödsinnig sie dir erscheint. Anschließend verstehst du wirklich: Die tägliche Energetische Reinigung ist eine Lebensentscheidung!

Übung

Für diese Übung benötigst du die Unterstützung durch eine vertraute Person und einige Wolldecken.

Setze dich auf einen Stuhl und bitte eine Person deiner Wahl, mehrere Lagen Wolldecken oder Bettdecken über dich zu decken. Gerne dürfen es fünf oder sogar zehn Decken sein. Schau einfach nach, was du in deiner Wohnung so finden kannst. Ebenso dürfen es Tischdecken oder große Handtücher sein.

Wenn du nun so unter diesen Decken sitzt, fühle dich in diese Situation hinein. Stelle dir folgende Fragen:

Wie fühlst du dich? Wie viel Luft bekommst du? Wie gut kannst du dich bewegen? Hast du Orientierung? Weißt du, in welche Richtung du dich bewegen würdest? Hast du einen Überblick? Kannst du deinen Körper spüren und ihn von den Decken eindeutig abgrenzen? Ist es dir möglich, dich frei zu entscheiden, was du tun möchtest? Bist du unabhängig von äußerer Hilfe?

Nun bitte die begleitende Person, eine Decke nach der anderen – langsam und Stück für Stück – abzunehmen. Lass dir bei jeder Decke etwas Zeit, bevor die nächste abgenommen wird. Fühle immer wieder in die neue Situation hinein.

Beobachte deine Emotionen.

Entsteht Ungeduld, weil es zu langsam geht? Vielleicht sogar Zorn, weil die Person die Decken langsamer herunternimmt, als dir recht wäre? Wie fühlt es sich an, wenn du zwar schon Licht sehen kannst, aber immer noch keine Orientierung findest, weil dich noch so viele Decken von der Freiheit trennen?

Und dann… endlich die letzte Decke.

Genieße das Gefühl und empfinde all das, was zu empfinden ist. Die Luft, die wieder ungehindert in deine Lungen strömt. Die Bewegungsfreiheit deiner Arme und Beine. Das Gewicht auf deinen Beinen, die nun nur noch den eigenen Körper zu tragen haben. Genieße das Licht und den Überblick über den Raum. Was würdest du nun gerne tun? Aufstehen? Fortgehen? Mit deiner Freundin eine schöne Tasse Tee trinken?

An diesem Punkt angekommen hätte die tägliche Reinigung ihr größtes Ziel erreicht. Du siehst deinen Weg und den Punkt, an dem du stehst. Du siehst sogar deine Bekannte im Raum und kannst sie klar erkennen. Nun bist du nicht mehr darauf angewiesen, dass deine Phantasie dir ihr Aussehen vorgaukelt. Nun bist du auf gar nichts mehr angewiesen. Es sei denn, du möchtest das. Du kannst gehen, wohin du willst.

Nun jedoch, nachdem du all das erlebt hast, beschließt du, mit dem Reinigen aufzuhören.

So bitte deine Bekannte nochmals darum, dir Decken überzulegen. Beobachte wieder, was geschieht und beantworte dir die Fragen ganz bewusst:

Wie fühlst du dich? Wie viel Luft bekommst du? Wie gut kannst du dich bewegen? Hast du Orientierung? Weißt du, in welche Richtung du dich bewegen würdest? Hast du einen Überblick? Kannst du deinen Körper spüren und ihn von den Decken eindeutig abgrenzen? Ist es dir möglich, dich frei zu entscheiden, was du tun möchtest? Bist du unabhängig von äußerer Hilfe?

Diese Übung soll einen körperlichen Eindruck davon verschaffen, wie es sich anfühlt, wenn du mit der regelmäßigen Reinigung eines Tage wieder aufhörst. Es ist nicht so, dass dich der Blitz erschlägt oder irgendetwas Schlimmes geschieht. Vielmehr ist es so, dass du dir durch die Reinigung bereits eine gute Portion »Bewegungsfreiheit und Überblick« verschafft hast. Nun hörst du auf zu reinigen, und alles verändert sich wieder zum alten.

Dein System kennt jedoch den Unterschied zu der alten Lebensversion und rebelliert, auch wenn dein Verstand die Zeit der Reinigung vergessen wird. Du wirst diese Rückschritte als unangenehmer empfinden, weil dir die Fortschritte zuvor bewusst waren. So scheint es vielleicht manchmal, als würde durch die Reinigung mit der Zeit alles schlimmer. Dabei ist es lediglich so, dass du nun etwas anderes, etwas Besseres kennst. Und dieser Unterschied ist es, was dein System als so unangenehm empfindet.

Reinigen und das Was

Es sind viele verschiedene Formen der Reinigung bekannt. Hier darfst du auswählen, welche Form in dein persönliches Glaubensbild passt. Was nützt die tollste Technik, wenn der Verstand ungläubig den Kopf schüttelt. Du solltest dich bei der Wahl deiner Reinigungsmethode völlig wohl und voll Vertrauen fühlen. Nur ohne Widerstände in dir kann eine volle Wirkung erzielt werden. Nur, wenn du die Tür nicht zuhältst, können alle Gäste in dein Haus kommen.

Ich werde später meine persönliche Form mit dir teilen. Diese darfst du für dich überprüfen. Ich kann dir versichern, dass diese Form mehr als nachhaltig ist und echten *Wumms* besitzt. Ich habe sie nicht erfunden, sondern sie wurde mir in meiner Zusammenarbeit mit der geistigen Ebene ans Herz gelegt. Dieser dringenden Empfehlung folge ich bis heute und könnte Bücher mit meinen Erfahrungen hierzu füllen. An keinem Tag möchte ich die Möglichkeiten eines Reinigungsrituals missen.

Viele Reinigungsformen sind mir bisher begegnet. Aber keine war derart vollständig und nachhaltig. Ich kann dich hier beraten und eine Empfehlung aussprechen. Um sich einen guten Überblick über verschiedene Möglichkeiten der Reinigung zu verschaffen, ist es jedoch sicher auch hilfreich und spannend, sich im Internet umzuschauen. Viele gute Informationen sind dort zu finden. So kannst du selbst auswählen, welche dieser Möglichkeiten Vertrauen in dir auslösen und welche mit allen Sinnen wohltun. Ich bitte an dieser Stelle sehr darum, dass persönliche Abneigungen keine Be- oder Verurteilungen der dort vorgestellten Methoden auslösen. Jeder von uns hat ein anderes Weltbild, und diesem soll an dieser Stelle mit allem Respekt begegnet werden.

Zunächst wollen wir uns jedoch betrachten, was überhaupt gereinigt werden soll. Denn es geht hierbei keineswegs einfach nur um den Teil unseres Körpers, den wir mit den Augen wahrnehmen.

Eine Reinigung erfasst das breite Spektrum all der Körper, aus denen wir bestehen. Diese Körper fassen wir hier in dem Begriff Lichtkörper zusammen. Die geistige Welt hat uns Menschen inzwischen sehr viel Wissen hierzu zur Verfügung gestellt. In dem Buch »Metatron Ancient-Master-Healing – Selbstermächtigung durch Selbsteinweihung« von Eva-Maria Ammon (Smaragd Verlag, Dierdorf) habe ich hilfreiche Informationen über unsere einzelnen Körper entdeckt, die ich gerne auch in meine Seminare zur weiteren Erläuterung mit einbinde, um persönliche Färbungen zu vermeiden. Diese Erläuterungen sind klar, liebevoll und verständlich. Eva-Maria Ammon hat diese durch Metatron in Channels erhalten und niedergeschrieben. Für die Weitergabe an uns Menschen an dieser Stelle ein tiefes *Danke*.

Doch, wer ist Metatron eigentlich?

Erzengel Metatron wird als Engel des Anfangs und des Endes beschrieben, die Geburt des Lichts aus der göttlichen Leere, aus der Einheit. Hinter ihm liegt der Raum, in dem alle Möglichkeiten enthalten sind. Ihm sind unser bisheriger Weg, unser Lebensplan und der Weg, den wir glückbringend beschreiten könnten, bekannt. Er ist somit eine wunderbare Unterstützung, wenn wir nicht weiterwissen oder unseren Weg nicht mehr sehen können. Er ist der Engel der Weisheit und der Transformation durch Liebe. In ihm wirkt die höchste Schwingung der Erzengel. Er wird als Bindeglied zum Göttlichen und als Hüter des spirituellen Körpers, des

Kronenchakras und des göttlichen Lichtes und Hüter unserer Wünsche beschrieben. Seine Energie wird als sehr fein, sanft und klärend erlebt. Sie ist reine allumfassende Liebe.

Die vier niederen Körper

Mit der Bezeichnung »niedere Körper« ist in keiner Weise gemeint, dass diese geringer, also weniger wert wären, als die sogenannten »höheren Körper«. Sie sind lediglich von unserer Perspektive aus betrachtet die unteren Körper. Ohne diese wäre uns eine Existenz, so wie wir sie kennen, gar nicht möglich.

Die Textpassagen, die in der Folge *kursiv* geschrieben sind, entstammen dem Buch »Metatron Ancient-Master-Healing – Selbstermächtigung durch Selbsteinweihung« von Eva-Maria Ammon (Smaragd Verlag, Dierdorf).

Der physische Körper

Dieser ist das Gefährt, das die Seele für ihren Entwicklungsweg auf dieser Erde geschaffen hat. Dies ist der einzige Körper, den die meisten Menschen sehen und wahrnehmen können. Er gilt als das Instrument der Seele und ermöglicht die Bewegung im physikalischen Universum. Gleichzeitig ist er Träger der anderen drei niederen Körper während einer Inkarnation.

Der physische Körper ist sehr anfällig für Verletzungen und Missbrauch. Auch wenn viele spirituelle Menschen ihren Körper als ein Gefängnis betrachten, sei dir darüber im klaren: Ohne deinen Körper bist du als Seele auf der physischen Ebene völlig handlungsunfähig. Nur mit dem Wunderwerk »Körper« ist deine Seele in dieser Dimension handlungsfähig.

Der physische Körper verliert seine Wichtigkeit, wenn wir in die geistigen Bereiche hinüberwechseln. Das Heraus- und Hineinschlüpfen in einen physischen Körper ist für deine Seele nichts Ungewöhnliches, denn du hast es schon viele Male getan. In der Reinkarnationstherapie oder wenn wir diesen Körper ablegen, können wir uns daran erinnern.

Der Ätherkörper

Er ist für die meisten Menschen unsichtbar. Doch im Grunde ist dies der eigentliche, der wahre physische Körper des Menschen. Er ist größer als der physische Körper und durchdringt diesen, da er feinstofflich ist. Der Ätherkörper ist das Transportmittel für die feinstofflichen Energien, die aus dem Universum über unser Sonnensystem und über die Planeten auf unsere Erde strömen, sie beeinflussen und am Leben halten.

Der Ätherkörper ist das ätherische Doppel des physischen Körpers und ragt nur etwa zwei Zentimeter über diesen hinaus. Dieser Körper kann von vielen sensitiven Menschen noch wahrgenommen und gesehen werden. Im Ätherkörper sind die Chakren angeordnet als Träger oder, besser gesagt, als Übermittler der Lebensenergie und Wahrnehmung. Der Ätherkörper ist der Träger der Lebenskraft, die er auf den physischen Körper überträgt.

Es ist unsere Lebensaufgabe, uns diesen Körper mehr und mehr zu erschließen und über die Bilder und anerzogenen Verhaltensweisen Meisterschaft zu erlangen. Nicht um in der Vergangenheit zu leben, sondern im Hier und Jetzt.

Alle Menschen sowie Tiere und Pflanzen stehen durch ihren Ätherkörper mit dem Ätherkörper der Erde und dem sichtbaren Universum in direkter Verbindung. Das heißt, dass wir über den

Ätherkörper mit allen Lebewesen verbunden sind und eine Einheit bilden. Über diesen Körper bekommen wir zum Beispiel die Gedanken und Gefühle anderer Menschen bewusst oder unbewusst mit.

Die eigenen, aber auch fremde Gedanken und fremde Emotionen erreichen den Ätherkörper und damit das Lebensgefühl. Wahre Heilung kann nur auf der Ebene des Ätherkörpers stattfinden, damit sie den physischen Körper durchdringen kann.

Der Emotionalkörper

Hier sind alle Gefühle gespeichert. Der Emotionalkörper ist eine Art Reflektor, also eine Spiegelung aller Gefühle, Wünsche und Bilder, die jeder Mensch, mit dem wir verbunden sind, seit Anbeginn der Inkarnationen gespeichert hat.

Der Emotionalkörper ist der Sitz des Unterbewusstseins. Deswegen ist er im eigentlichen Sinne kein Körper. Auf der Astralebene der Erde sind die Emotionen (man spricht auch von Illusionen) der gesamten Menschheit zu finden.

Der Ätherkörper, der den Emotionalkörper beinhaltet, ist für Sensitive sicht- und fühlbar. Hier sind alle unsere Wünsche, Begierden, Bedürfnisse, Triebe, Emotionen angesiedelt.

Hier finden auch die grundlegenden Entscheidungen über das Leben im allgemeinen statt. Der Emotionalkörper ist dazu da, anspruchsvolle Ideen und Gefühle durch die Entwicklung unserer Liebesfähigkeit (selbstlose Liebe) zu verfeinern. Dadurch wird es immer mehr möglich, die Vorgänge in den inneren Reichen aufzunehmen und schließlich dem Tagesbewusstsein zu übertragen.

Je reiner und klarer die Gefühle sind, desto eher können die inneren Vorgänge im Tagesbewusstsein klar werden.

Der Mentalkörper – Verstandesebene

Hier hat der Intellekt seinen Sitz und hier findet das konkrete Denken in Bildern statt. Er ist der vierte niedere Körper und weniger leicht sichtbar. Er stellt die Verbindung zu den höheren Körpern her.

In diesem Körper sind alle Gedankenenergien seit Anbeginn der Zeit gespeichert. Von hier aus wird das physische Gehirn angeregt, seine Arbeit zu verrichten. Doch in einem ungeklärten Mentalkörper sind so viele Reste ungelöster Energien vorhanden, dass der unerleuchtete Intellekt nur in der Lage ist, 180-Grad-Alternativen in einer verzwickten Situation zu erdenken.

Die Entwicklung des Mentalkörpers ist allen Menschen anzumerken. Da sind die einen, die sich von niederen Instinkten und ebensolchem Denken leiten lassen und ausgerichtet sind, und die anderen, die erkannt haben, dass das Leben einen höheren Sinn hat. Das Denken wurde so weit geklärt, dass es zu höheren Zielen strebt und die seelisch-geistige Ebene völlig einbezieht.

Hier wird der Zugang zu höheren Ideen, zur Intuition und Inspirationen unterstützt und erreicht. Dann hat bereits eine Vereinigung stattgefunden zwischen Emotionalkörper und Mentalkörper, und der Weg der Seele ist das wichtigste Ziel in den Inkarnationen geworden.

Ein geklärter Mentalkörper kann den Emotional- und den Ätherkörper auf allen Ebenen heilen, da das Denken die »Realität« erschafft.

Beim geistig unentwickelten Menschen von schwerer Schwingungsfrequenz bleiben der Äther- und der Emotionalkörper während des Schlafs gerade über dem physischen Körper schwebend. Beim geistig weiterentwickelten, feiner schwingenden Menschen sind diese Körper für sich selbst wach und in den Astralbereichen tätig. Es ist diesen Körpern dann möglich, an jeden Punkt der Erde und des Sonnensystems zu reisen. Meist wird jedoch die Zeit genutzt, um in höheren Ebenen zu lernen und zu lehren. Hier findet während der Nacht dann auch Karmabearbeitung statt. Dazu ist es jedoch notwendig, dass der Mensch bereits an und mit sich arbeitet, denn die feinstoffliche Ebene kann nur von ebenso feinstofflichen Körpern durchdrungen werden.

Bestimmt bist auch du schon morgens aufgewacht und hattest das Gefühl, die ganze Nacht hart gearbeitet zu haben. Dann warst du möglicherweise in einem schwierigen Unterricht oder hast anderen Wesen geholfen, was wiederum deine eigene Schwingungsfrequenz anhebt. Dagegen helfen dann ein Glas oder mehrere Gläser frischen Wassers, um deine eigenen Energien wieder zu aktivieren.

Der Äther- und der Astralkörper sind über die sogenannte Silberschnur mit dem physischen Körper verbunden. Sobald dieser in seinem Tiefschlaf gestört wird, fallen diese Körper augenblicklich in den physischen Leib zurück. Falls du schon einmal durch solch einen Falltraum aufgewacht bist, dann hast du dieses Zurückprallen der energetischen Körper gespürt.

Der geistig höher Entwickelte erlangt mit einer gewissen Übung die völlige Herrschaft über seinen Äther- und Emotionalkörper und geht mit diesen bewusst in die Astralwelten, um dort zu helfen. Sein Bewusstsein erleidet durch den Tiefschlaf keine Unterbrechung mehr. Für uns Menschen ist der Tiefschlaf so wichtig, weil der Äther- und der Emotionalkörper nicht ständig im physischen Leib gefangen sein können, sondern zur Kraftauftankung heraustreten müssen.

Wenn du die vorgezeigte Tatsache anerkennst, dann ist klar, dass jedes Wesen zugleich ein Energiewesen ist. Diese Energiekörper, die sich wiederum aus einem System von Energiefeldern zusammensetzen, beeinflussen sich gegenseitig und stehen miteinander in Wechselwirkung. Da die unsichtbaren Körper keinen Raum beanspruchen, durchdringen sie sich gegenseitig, den physischen Körper sowie die Körper anderer Menschen. Jeder Gedanke, jedes Gefühl, jede Handlung ist eine Energieentladung, die vom Energiefeld eines jeden Menschen ausgeht und das eines anderen Menschen durchdringt.

Unser physischer Körper ist getreu dem kosmischen Prinzip: »Wie oben, so unten« aus vielen Teilfeldern erschaffen, die einander wechselseitig beeinflussen. Diese Teilfelder des Körpers werden durch die Organe des feinstofflichen Energiesystems ernährt und gesteuert, vor allem durch die Kraftzentren, die Chakren.

Die Psyche ist zu Lebzeiten an das Gehirn und die körperlichen Funktionen gebunden und ignoriert daher bis zu einem gewissen Grad nichtphysische Hinweise. Sie lässt diese dann nicht zu, was bedeutet, die Hinweise werden abgeblockt.

Nun sind die Daten aus der energetischen Welt für die Erschaffung unserer Lebensumstände von äußerster Wichtigkeit, denn der Mensch erlebt immer das, was er sich selbst zu erleben gestattet. Wir sind von Natur aus darauf ausgerichtet, in Freude und Liebe zu leben und zu lernen. Unsere Glaubenssätze, anerzogen von Eltern, Lehrern und Kultur, wirken sich jedoch auf diese inneren Daten befreiend oder hemmend aus. In den meisten Fällen sind diese Glaubenssätze oder Muster hemmend für die Gesundheit und die Weiterentwicklung. Das innere Selbst liefert alle Daten, die wir zur Bewältigung unseres Alltags und unserer Bewusstseinsentwicklung benötigen. So musst du wissen, dass du niemals von deinem eigenen höheren Selbst abgeschnitten bist, auch wenn du dich manchmal so fühlst.

Das innere Selbst erhält deinen physischen Körper und die unsichtbaren Körper am Leben, so wie es sie auch geformt und geschaffen hat. Das Wunder einer fortlaufenden Übersetzung aus den Energiekörpern in die physische Wirklichkeit (Geist in Fleisch) wird mit nie versiegender Energie durch die inneren Wesensanteile, die ihren Sitz in den unsichtbaren Körpern haben, vollbracht. Die meisten Menschen erleben ihre Identität, indem sie sich ausschließlich auf ihren Körper und die von ihm produzierten Symptome konzentrieren. Der Mensch und sein Körper sind identisch geworden.

Doch die Einheit Mensch besteht aus Geist-Seele-Körper, und zwar in genau dieser Reihenfolge. Der Geist ist das Erschaffende, die Seele das Produzierende, das Gebärende, und der Körper ist die Ausformung in der Realität des physikalischen Universums. Die Dreieinigkeit.

Unsere unsichtbaren Körper und deren Durchlässigkeit beziehungsweise Schwingungsfrequenz bestimmen im weitesten Sinne, welche Informationen des Geistes in den physischen Körper, unter Umgehung der angelernten Glaubenssätze, gelangen. Somit wird verständlich, wie wichtig eine Reinhaltung oder, besser gesagt, ein gutes Funktionieren, eine Anhebung der Schwingung der energetischen Körper ist.

Die höheren Körper

Der Kausalkörper

Hier entstehen die Ideen, herrscht prinzipienbezogenes und abstraktes Denken. Wenn du mehr und mehr auf deinem Weg zurück ins Licht, zu deinem Ursprung bist, ermöglicht dir der Kausalkörper die Schau in die Vergangenheit, in deine früheren Inkarnationen, aber auch vorwärts in die Zukunft. Hier finden Visionen und mediales Empfangen statt.

Der Seelenkörper, auch Christuskörper genannt

Der Christuskörper ist der Sitz der Intuition, Erkennen der Gesetze des Lebens. Das Höhere Selbst hat hier seinen Raum.

Der Geistkörper

Er besteht aus reinem Geist, frei von Begrenzungen.

Der freie göttliche Wille und deine Allgegenwart sind hier verankert. Hier herrscht das Bewusstsein ICH BIN. Es ist im Grunde nicht mehr als Körper zu verstehen, denn du erreichst hier das Göttliche und die Verschmelzung in allumfassender Liebe mit der Einheit, mit dem Licht und der universellen Intelligenz.

Gerade die feineren Körper mögen für den Alltag der meisten Menschen unwichtig erscheinen, und darum beschränken sich die meisten Menschen heute auch auf den grobstofflichen, festen Körper, der für uns auf diesem Planeten jedoch nicht mehr ist als der Ausgangspunkt für die Rückkehr in die Alleinheit.

Doch auch wenn du dir der unsichtbaren Körper noch nicht bewusst bist, ist es wichtig, von ihrer Existenz zu wissen. Und wenn du hin und wieder das Gefühl hast, dass du alleine bist und dir etwas wirklich Essenzielles fehlt, dann ist es meist diese Verbindung zu deinen höheren Körpern, zu deinem Höheren Selbst, zu deinem ICH BIN. Nun, da du es weißt, kann es sein, dass dieses Wissen dir bereits helfen kann, wenn du in Zukunft nur daran denkst.

Wenn der Mensch stirbt, dann stirbt nur der physische Körper. Alle anderen Körper bleiben erhalten. Die drei niederen Körper (Ätherkörper, Emotionalkörper, Mentalkörper) lösen sich erst am Ende der Inkarnationszyklen auf. Dadurch bleiben alle Neigungen, Abneigungen und Gefühle im Emotional- und Mentalkörper für alle Inkarnationen erhalten. Genau an dem Lernpunkt, an dem du mit deinem physischen Körper in der letzten Inkarnation aufgehört hast, in der Stunde deines Todes, machst du in den geistigen Bereichen weiter. Was du hier auf Erden zu lösen hast, steht dann in den geistigen Bereichen ebenso an.

Wir können hier und jetzt, in diesem Leben, all das erlernen und erfahren, wozu wir vormals viele Inkarnationen benötigt haben. Das Universum ist Schwingung, das ist ein kosmisches Prinzip. Darum ziehen wir alle Hilfen an, die wir benötigen, wenn wir den Wunsch nach Vervollständigung des Lebens in uns tragen. Das einzige, was wirklich vonnöten ist, ist, dass wir unsere schwere Schwingung in der Materie verfeinern, verfeinstofflichen.

Die Energetische Reinigung
und ihr Aufbau

Gerade in energetischen Arbeitsbereichen ist es so unglaublich wichtig, die Energetische Reinigung in den Alltag zu integrieren. Viele wirklich gute Energiearbeiter sind mir bis heute begegnet, ob Heiler oder Schamanen oder Berater oder Körperarbeiter. Sie alle arbeiten an und mit Energien. Gerade den Beratern und Körperarbeitern ist dies meist gar nicht bewusst.

Wenn diese wertvollen Menschen sich selbst mit fremden Augen betrachten könnten, würden einige von ihnen sehen können, dass ihr Körper aufgedunsen, blass und müde wirkt. Immer wieder berichten sie mir davon, wie viel Kraft ihre Arbeit kostet. Oder sie berichten davon, dass sie nach einigen Wochen starker Kundennachfrage eine Pause zum Regenerieren benötigen, weil die Kunden so stark gezogen hätten.

Nach der Behandlung eines Klienten erklären viele der Energiearbeiter, dass die Arbeit sehr belastend war, weil die Geschichte des Kunden sich so leidvoll dargestellt hat, und immer wieder berichtet jemand, dass er nun erst einmal die Symptome des Kunden wieder verarbeiten müsse. Andere Energiearbeiter wiederum sind nach der Behandlungszeit regelrecht aufgekratzt. Sie berichten übermäßig stolz von den eigenen Leistungen, und anschließend scheint es, als würden sie nach Hause fliegen. Die Verbindung mit dem *Hier* und mit sich selbst und die notwendige Erdung scheinen während der Behandlung weggerutscht.

Es macht mich immer ganz traurig, dies zu sehen. Denn mir ist sehr bewusst, dass dieser Umgang mit den eigenen Energien und den Energien der Kunden schwächenden Einfluss auf den Körper und das Leben dieser Therapeuten hat. In den vergangenen Jahren habe ich – sofern sich eine passende

Situation ergab – versucht, sanft Einfluss zu nehmen. Ich fragte nach, wie sie sich selbst von dem Energiecocktail, den ihre Arbeit hervorbringt, wieder klären. Selbstverständlich hatte jeder der angesprochenen Therapeuten seine ganz spezielle Technik, den Kunden »wieder loszuwerden«. Und doch…

Ich sehe die Lieben zwei Jahre später und erschrecke. Das Leben hat in dieser Zeit meist dem körperlichen Ausdruck nachgezogen und all die vielen Themen, die sich durch die Arbeit mit anderen mit ihnen verbunden haben, scheinen Schritt für Schritt ihre Lebensumstände zu zerlegen. Jetzt sind eine Anzahl dieser Therapeuten nicht nur müde und blass. Es ist inzwischen die Partnerschaft schwer geworden, die finanzielle Situation wird immer schwieriger, der Umgang mit Familie und Freunden ist von Missverständnissen und Unverständnis durchzogen. Es scheint beinahe so, als wäre dieser wunderbare und energiebegabte Mensch herausgefallen aus der Freude des Lebens und umzingelt von unlösbaren Problemen.

Woran kann das nur liegen?

Ist das ein Energiearbeiterfluch? Oder sind sie alle unfähig? Oder haben sie zu wenig gelernt?

Das ist natürlich Unfug. Viele von diesen Menschen haben Ausbildungen absolviert und sind sehr kompetent. Sie lieben ihre Arbeit am Menschen und werden ebenso von der geistigen Ebene geliebt, die ihre Arbeit unterstützt. Und auch die Energetische Reinigung ist in einigen Ausbildungen ein Thema.

Aber eben das ist wohl eines der Hauptprobleme:

Im spirituellen Bereich wird immer wieder von der Reinigung gesprochen. Bis hierher sind vielen Menschen die verschiedensten Techniken bekannt. Aber das war's dann auch schon. Denn was passiert mit dem System, mit dem Menschen, wenn immer nur gereinigt wird? Um uns hierüber etwas klarer zu werden, stellen wir uns diesen Reinigungsvorgang einmal bildlich vor.

Reinigung ganz bildlich

Was geschieht, wenn wir uns immer wieder die Hände waschen? Und nicht einfach nur mit Wasser, sondern mit hochwirksamen Substanzen?

Wir alle haben uns in verschiedenen Situationen die Hände besonders häufig oder intensiv waschen müssen und wissen, dass hierbei die Haut sehr leidet. Unsere Hände werden spröde, trocken und rissig. Also nutzen wir in solchen Fällen eine gute Hautcreme, die unsere Haut mit Nährstoffen versorgt und darin unterstützt, eventuell entstandene feine Wunden und Risse zu reparieren und zu heilen. Wenn wir dies nicht tun, werden unsere Hände rauh, die Risse werden größer und entzünden sich, die Nägel werden brüchig und letztendlich dringen mehr Keime und Bakterien von außen ein als zuvor.

Was geschieht, wenn wir einen Schwamm immer wieder mit hoch wirksamen Reinigungssubstanzen wässern und auswringen? Nach kurzer Zeit wird dieser Schwamm wohl nicht mehr so frisch und vertrauenerweckend aussehen. Er beginnt zu reißen, und Bestandteile lösen sich aus ihm heraus. Nach längerer Zeit wird er sich dann vollends auflösen.

Wenn Menschen regelmäßig Energetisch Reinigen, arbeiten sie mit hochwirksamen Substanzen. Oft haben sie von der transformatorischen Kraft der Violetten Flamme gehört und wenden diese an. Das ist eine wundervolle Idee und eben hochwirksam. Sie durchdringt alles und jedes. Und die Arbeit, die sie für uns vollzieht, ist tiefgreifend und umwandelnd.

Was wird nun geschehen, wenn wir unser Energiefeld und unseren Körper immer wieder mit solch hochwirksamen Energien durchdringen?

Es werden nicht nur der vermeintliche »Schmutz« oder Anhängsel gewandelt und herausgespült. Es wird *alles* durchdrungen, auf *allen* Ebenen des Seins. Schließlich haben wir auch ein paar eigene Themen, die transformiert werden dürfen. Es geht ja nicht immer nur um Anhaftungen. Also wird gewandelt und gewandelt und gewandelt. So, wie wir erbeten haben, wenn wir diese Energien zu uns rufen.

Um im Bild zu bleiben: Unsere Hände werden immer und immer wieder mit einer hochwirksamen Substanz, vielleicht einer extrem schmutz- und fettlösenden Waschpaste, gewaschen. Oder der Schwamm in unserem Beispiel: Er ist im Anschluss ganz sicher »sauber«. Aber in welchem Zustand befindet er sich? Liegt er noch frisch und jungfräulich vor uns, oder ist er zerfleddert und wenig ansehnlich?

Diese wunderbaren Reinigungen wurden über Jahre mit bester Absicht praktiziert, und wir werden trotz aller gutgemeinten Bemühungen immer schwächer oder gar krank.

Viele solcher Schicksale sind mir in den vergangenen Jahren begegnet. Leider ist es oft so, dass wir Menschen glauben, wir hätten das einzig wahre Wissen um die Dinge und alle anderen wären im Irrtum. Gerade im Bereich energetisch arbeitender Menschen verhält es sich häufig so.

Du, genauso wie ich, wir sind an manchen Tagen davon überzeugt, hervorragend ausgebildet zu sein und die Welt zu verstehen. Ich muss lächeln, wenn ich diese Zeilen schreibe. Denn wie könnten wir hervorragend ausgebildet sein? Das Feld, mit dem wir uns beschäftigen, ist so enorm groß, dass es unserem Verstand bis zu dem heutigen Tag gar nicht möglich wäre, das vollständige Wissen aufzunehmen oder zu verarbeiten. Alles, was im energetischen Bereich geschieht, geschieht im vordergründig Nichtsichtbaren. Lediglich die Folgen im Leben sind sichtbar. Und diese werden oft nicht mit den praktizierten Techniken in Verbindung gebracht.

Ich habe es mir zur Aufgabe gemacht, in meinem eigenen Leben auch auf Langzeitfolgen zu achten. Denn tatsächlich fällt es schwer, im feinstofflichen Bereich das »gute, stärkende Wissen« von dem »schwächenden Wissen« zu unterscheiden. Denn dies ist immer abhängig von der Person. Also habe ich einen echten Anspruch an all dieses Wissen:

Wenn sich mit der Anwendung eines Wissens oder einer Technik mein Leben zum Guten wendet, das Zusammenleben mit Familie, Freunden und im Beruf weicher und liebevoller erlebt wird, wenn sich die eigene Gesundheit stabil oder ausbalancierter entwickelt… dann arbeite ich mit einem unterstützenden Wissen.

Wenn ich jedoch erleben muss, dass ich mit der Umwelt in Streit gerate; meine Lieben mir signalisieren, dass sie mich mit all meinen Aussagen und Entscheidungen immer schwerer verstehen können; ich mich immer mehr isoliere; eine Sprache verwende, die andere zum Kopfschütteln bringt… Dann stimmt irgendetwas nicht.

Wenn wir im besten Wissen ausschließlich eine Energetische Reinigung anwenden und unser energetisches System hierdurch beschädigen, kann sich dies schwächend auf unser Leben und unser eigenes Verhalten auswirken. Denn dann fehlen uns die Kraft und die Energie, unsere Umstände in Klarheit zu betrachten und uns in einen stärkenden Lebensfluss zu begeben. Unsere lebensbeeinflussenden Entscheidungen werden immer wieder schwächend gefällt werden, da unser System geschwächt ist.

Damit unsere Hände nach der hochwirksamen Reinigung keinen Schaden nehmen, ist es wichtig, sie mit einer ebenso hochwirksamen und hochnährenden Creme zu versorgen.

Damit ich und auch du keinen Schaden durch die sehr wertvolle Energetische Reinigung erfahren, ist es wichtig, durch ein nachfolgendes hochwirksames und nährendes Auffüllen mit ausgleichenden Energien das eigene System zu stabilisieren und zu stärken.

Auch hier darf gerne die geistige Welt angesprochen werden, um sie um Unterstützung bei diesem Vorgang zu bitten. Dabei ist darauf zu achten, sich ganz klar an die Instanz in der geistigen Welt zu richten, die du ansprechen möchtest.

Immer wieder begegnet mir im Umgang mit der »geistigen Welt« ein blindes Vertrauen. Vertrauen ist eine der wertvollsten Grundlagen in unserem Leben. Blindes Vertrauen führt jedoch dazu, dass alle Aussagen, Prognosen und Energietransfers aus dem nichtstofflichen Bereich dieser »geistigen Welt« zugeschrieben werden. Geistig ist diese Welt sicher, denn sie ist nichtstofflich. Wenige denken jedoch darüber nach, dass diese »Geistige Welt« nicht nur aus Engeln und Aufgestiegenen Meistern besteht. Tatsächlich sollten wir die Größe und Vielfalt dieser Welt etwas ernster nehmen.

Wenn wir im normalen Leben jemanden rufen, nennen wir den Namen dazu. Wir werden wohl kaum über die Straße rufen: »Komm mal!« Die Menschen die vorbeigehen, würden sich nicht nur wundern. Sie wüssten nicht einmal, wer gemeint ist. Jedoch wird sicherlich ein Witzbold angerannt kommen. Vielleicht kommt aber auch ein Hund aus der Nachbarschaft oder ein kleines Kind. Sicherlich jedoch nicht derjenige, auf den wir hoffen. Das wird häufig vergessen, wenn die »Geistige Welt« angerufen wird. Funktioniert diese doch nicht viel anders als unsere Welt.

Die Wesen mögen keinen Körper haben, wie wir ihn uns vorstellen. Dennoch ist nicht alles und jedes, was wir dort vorfinden, auf einem erlösten oder lichtvollen Weg. Aus diesem Grunde ist es wichtig, genau die Wesen anzusprechen, mit denen wir auch zu tun haben wollen. In der Regel ist das die Welt der Engel und Erzengel und die der Aufgestiegenen Meister. Diese sind mit uns stets in unendlicher Liebe verbunden, wir kennen uns von Beginn der Zeit an – ob wir uns daran erinnern oder nicht –, und sie stehen uns sehr gerne hilfreich zur Seite.

Wichtig ist jedoch: Wir müssen sie um Hilfe bitten.

Ohne unsere Bitte ist es diesen Wesen nicht erlaubt, sich in unser Leben einzumischen. Der freie Wille des Menschen ist ein grundlegendes Gesetz, über das sich keine hohe Ebene hinwegsetzen wird.

Bittet ein Mensch jedoch um Unterstützung, handelt es sich wiederum um ein grundlegendes Gesetz, dass er dann die Unterstützung erfährt. Die Form dieser Unterstützung ist jedoch stets eine solche, die den freien Willen des Menschen nicht beeinträchtigt und dem höchsten Wohl nicht widerspricht. Manchmal ist es eben so, dass das höchste Wohl auch durch eine Lebenskrise gesichert wird.

Mit dem »kurzen« Blick eines Menschen ist das schwer zu verstehen. Aber alle Eltern, die für ein Kind auch eine Konsequenz walten lassen, können dies nachvollziehen. Das Kind kann aus seinem manchmal tränennassen Gesichtchen diese Strenge nicht verstehen und fühlt sich ungeliebt. Die

Eltern jedoch wissen genau, wie wichtig diese Lerneinheit für das weitere Leben der Tochter oder des Sohnes sein wird.

So dürfen wir uns das Verhältnis der hohen geistigen Ebene zu uns Menschen vorstellen, auch wenn sie uns nicht als Kinder betrachtet. Hierfür ist die Hochachtung für uns Menschen viel zu groß. Und doch werden sie schwierige Erfahrungen nicht erleichtern, wenn diese zu einer wichtigen Entwicklung führen. Wann immer wir uns jedoch an diese wunderbaren Freunde vertrauensvoll wenden und um Unterstützung bitten, wird dieser Bitte *immer* entsprochen werden.

So dürfen wir uns auch vertrauensvoll an die Welt der Engel oder die Aufgestiegenen Meister wenden, wenn es um die Energetische Reinigung und um den Ausgleich vorhandener Energien und das Auffüllen mit neuen Energien geht. Doch bevor wir mit Energien zu arbeiten beginnen oder uns mit solchen befassen – was wir im Grunde genommen in jedem Augenblick unseres Tages tun –, sollten wir uns mit dem Thema Schutz beschäftigen.

Schutz und Auffüllen

Ich weise hier nochmals darauf hin: Wir sind nicht in Gefahr! Daher ist »Schutz« im Grunde das falsche Wort. Diese Bezeichnung hat sich nun einmal so durchgesetzt, und mir fällt tatsächlich kein besseres Wort ein. Es geht mehr darum, uns schwächende Energien außen vor zu halten. Und was uns schwächt, ist eine sehr individuelle Sache.

Das Thema Schutz ist ein Wissensbereich, der in der esoterischen oder spirituellen Welt sehr bekannt ist. Und obwohl dies scheinbar ein bekanntes Feld ist, ist die Ausführung oft überarbeitungswürdig. So begegnen mir immer wieder Menschen, die sich in besten Gedanken ein mentales Cape über die Schultern und den Kopf ziehen. Andere hüllen sich in goldenes Licht. All dies ist sehr hilfreich im Umgang mit schwächenden Energien. Jedoch, wie ich bereits bei der Reinigung erläutert habe, wissen wir nicht wirklich, was um uns herum alles so existiert und gegen was wir uns überhaupt schützen sollen.

Niemand von uns wird gegen Viren und Bakterien einen Regenschirm aufspannen. Eine Impfung gegen Viren und Bakterien wird umgekehrt gegen Regen und Sturm nichts ausrichten können. Hier hilft ein Regenschirm ganz wunderbar. Es ist also hilfreich zu wissen, gegen was wir uns überhaupt schützen wollen, um einen sinnvollen und wirkungsvollen Schutz aufzubauen. Manchmal hilft eine Creme, manchmal ein Cape, manchmal muss es ein ganzes Dach oder gar ein Gebäude sein, manchmal reicht ein knurriger Blick.

Das größte Problem für uns Menschen ist es nun, herauszufinden, welchen Schutz wir wann und wie einsetzen. Dafür müssen wir die Umwelt genau kennen, in der wir uns aufhalten. Und wir müssen die Gefahren kennen, die uns begegnen. Und an dieser Stelle dürfen wir uns fragen, ob dies überhaupt möglich ist. Schließlich reden wir von Dingen, Wesen und Energien, die wir weder sehen, spüren, noch wissenschaftlich nachweisen können.

Wer durch die Energetische Reinigung täglich das eigene »System« klärt, wird sich Schritt für Schritt mehr und mehr kennenlernen. Nach einer überschaubaren Zeit wird dann oft körperlich bemerkt werden, wenn ein Schutz aufgebaut werden sollte oder eine Reinigung dringend hilfreich wäre. Es kann sein, dass wir fühlen, wenn sich etwas in unserem Energiesystem oder in unserem Umfeld aufhält, was da nicht hingehört. Dies kann sehr Mannigfaltiges sein, nicht nur irgendwelche Wesen oder Energien. Es ist auch ganz leicht möglich, dass sich Emotionen anderer in unser System »verirrt« haben und wir uns irgendwie seltsam fühlen, ohne dies gezielt benennen zu können.

Wir werden unterscheiden lernen, welche Emotionen zu uns gehören und welche Emotionen sich durch den Stadtbummel eingeschlichen haben. Denn tatsächlich bewegen wir uns ständig durch Emotions- und Gedankenfelder, die jeder Mensch und auch jedes Objekt um sich herum aufbaut. Auch wir selbst. Ein hoch funktionsfähiger und wirksamer Schutz ist also nicht nur eine ganz nette Sache, sondern für ein gutes Leben zwingend erforderlich. Es sind viele verschiedene Techniken bekannt. Hier habe ich ein paar notiert, so dass diese ausprobiert werden können.

Lichtei
Hierbei stellst du dir ein großes goldenes oder weißes Lichtei um dich herum vor, welches deinen gesamten Körper einhüllt.

An der Außenhülle kannst du dieses Licht gedanklich verstärken oder verdichten. Innerhalb von Sekunden entsteht so ein energetischer Kokon.

Schutzmantel

Wie bei dem Lichtei beschrieben, visualisierst du dir goldenes oder weißes Licht in Form eines bis zu den Füßen reichenden Mantels, der den ganzen Körper vollständig einhüllt.

Lichtkugel

Für diesen Schutz richtest du deine Aufmerksamkeit auf dein Herz. Von dort sendest du ein goldenes oder weißes Licht aus und füllst damit deinen ganzen Körper aus. Dann dringt dieses Licht über deinen ganzen Körper hinaus und legt sich schützend um deinen Körper. Die Außenhaut wird zu einer schützenden Membran.

Pentagramm

Stelle dir ein stehendes, körpergroßes, lichtes Pentagramm (einen Fünfstern, mit der Spitze nach oben) mit kraftvoller Ausstrahlung vor. Dieses legt sich schützend wie ein Mantel um deinen Körper.

In vielen Texten zur Reinigung findet man den Hinweis, es solle darum gebeten werden, dass dieser Schutz aufrecht erhalten bleibt, bis das nächste Mal gereinigt wird oder auch bis zum nächsten Sonnenaufgang.

Hier bitte ich zu bedenken:

Wir haben uns bei der Frage nach der Reinigung das Beispiel mit dem Händewaschen angeschaut. Liegt eine starke

Verschmutzung vor oder sind wir mit einer Tätigkeit beschäftigt, die unsere Hände immer wieder verunreinigt, werden wir öfter, intensiver oder sogar mit stärkeren Chemikalien reinigen. Erinnere dich daran, wie häufig du vermutlich bereits beim Kochen deine Hände wäschst. Und das ist nun wirklich eine eher nährende Arbeit, als dass sie dich schwächt.

Je intensiver jedoch die Reinigung ist, um so mehr wird deine Haut anschließend um eine hilfreiche und beruhigende Creme flehen. Diese Creme beruhigt nicht nur deine Haut und führt ausgewaschene Pflegesubstanzen zu. Diese Creme schützt auch vor weiteren Verschmutzungen oder sogar vor Verletzungen. Kommst du jedoch wieder mit Schmutz in Berührung, wirst du sicher erneut reinigen und cremen. Eben immer in der Form, in welcher ein Bedarf entsteht.

Du würdest wohl liebevoll schmunzeln, wenn dir deine kleine Tochter oder dein kleiner Sohn stolz verkündet, das letzte Händewaschen würde nun bis zum nächsten Sonnenaufgang halten. Vielleicht würdest du ihnen vorschlagen, es einfach einmal auszuprobieren, um zu sehen, wie weit sie mit diesem Experiment kommen. Die Süßen könnten anschließend mit ihren eigenen Augen sehen, dass nach dem nächsten Sandburgbauen die Hände wieder schmutzig sind. Welch ein beneidenswerter Vorteil, die verklebten Hände vor sich sehen zu können. Dies wird leider bei energetischen »Verschmutzungen« etwas schwieriger.

Bitte denke an dieser Stelle stets daran, dass es keine echten Verschmutzungen im Kosmos gibt. Es geht lediglich darum, mehr und mehr zu beschließen, nur jene Dinge mit sich herumzutragen, die auch wirklich zu dir gehören. So darfst du all die Energien abspülen, die dir Energien abziehen, oder solche, die überhaupt nicht zu dir gehören, oder sogar solche, die regelrecht schädlich für Gesundheit und Wohlbefinden sind; und auch solche, die du schlichtweg nicht mehr brauchst.

Wenn du nun deinen Tag in einem Umfeld verbringst, von dem du weißt oder spürst, dass es nicht das allerförderlichste Umfeld für dich ist, wirst du an diesem Tag öfter reinigen. Ganz einfach, weil es dir ein Bedürfnis ist.

Zu Beginn wird es eine Art Hausaufgabe sein, eine tägliche Pflicht wie das Zähneputzen. Je mehr du jedoch dein eigenes Energiesystem freilegst, um so empfindsamer wirst du. So spürst du sehr früh, wenn auch nur die schlechte Stimmung einer Kollegin sich bereitwillig an dein Energiesystem heftet. Du wirst es sogar als unangenehm empfinden, wenn du in eine Situation gerätst, die im Grunde genommen mit dir gar nichts zu tun hat. Du spürst beinahe körperlich, dass beispielsweise ein Raum, den du durchschreitest, Erinnerungen und Energien beherbergt, die dir nicht wirklich gut gefallen. Je mehr du also an einem Tag mit Energien in Kontakt kommst, mit denen du dich nicht wohlfühlst, um so öfter wirst du reinigen, um so öfter wirst du auffüllen und um so öfter wirst du den Schutz erneuern.

Aber mache dir keine Sorgen, dass du vielleicht zu wenig schützen oder reinigen könntest. Folge deinem inneren Impuls. Wenn du für dich beschlossen hast, dieses Wissen in dein Leben zu integrieren, wird dich deine innere Weisheit erinnern. Du kannst auch gerne deine geistige Führung oder einen bestimmten Engel darum bitten, dass er dich im Zweifel anschubst, wenn eine Reinigung dienlich ist.

Es geschieht nichts Schlimmes, wenn du es einmal vergisst. Oder auch zweimal, dreimal… Irgendwann fällt dir auf, dass du nicht ganz bei dir bist, dich irgendwie zugekleistert fühlst, so ein bisschen wie in Watte gepackt, oder dass deine Emotionen und Gedanken Achterbahn mit dir fahren. Dann nimm dir die Zeit und führe dein persönliches Reinigungsritual durch. Es wird dir sehr guttun und dir wieder Konzentration und Klarheit bringen.

Wenn du weißt, dass du im Garten in der Erde wühlen wirst, ziehst du vielleicht Handschuhe an, ebenso, wenn du mit schädlichen Substanzen wie Schmieröl oder Chemikalien in Kontakt kommst, und auch, wenn die Witterung dich dazu bewegt, doch lieber die Hände gegen die Kälte zu schützen. So wirst du dich mit dem Wissen um die Reinigung und den Schutz auch vorbeugend vor bestimmten Situationen oder Orten und Erlebnissen schützen. Wenn du in ein Fußballstadion gehst, weißt du, dass nicht jeder der Zuschauer mit der besten Gesinnung dort ist. Hast du an deinem Arbeitsplatz viele Kontakte mit Menschen, ist dir bewusst, dass jeder einzelne Kontakt dich mit einem dieser Menschen in Verbindung bringt, ob dieser gute Laune hat oder nicht. Wenn du in einem Krankenhaus einen Besuch abstattest, kannst du dir sehr lebhaft vorstellen, was auf diesem Grundstück alles herumschwirrt an Ängsten, Freuden, Sorgen und natürlich auch Krankheiten.

So ist es mehrfach am Tag möglich und oft auch notwendig, den Schutz immer wieder zu errichten oder zu verstärken. Denn auch eine Schutzcreme gegen Chemikalien wird nur einen bestimmten Ansturm auf- und abhalten können. Je mehr Chemikalien, desto mehr Schutz benötigt deine Haut.

Der energetische Schutz legt sich wie eine Creme um deinen Körper. Natürlich ist dies eine sehr bildhafte Darstellung. Jedoch kannst du dir dies einfach einmal so vorstellen. Diese Creme wird all das von deiner Haut abhalten, wofür das jeweilige Produkt ausgelegt ist. Dennoch kann deine Haut darunter atmen und all das aufnehmen, was wohltut, seien es die wärmenden Sonnenstrahlen oder die Streicheleinheiten eines geliebten Menschen oder die pflegenden Substanzen in der Creme selbst.

Ein energetischer Schutz legt sich um dich wie eine Membran. Der Austausch von liebevollen und hilfreichen Energien ist gerne möglich. Das Belastende jedoch soll außen vor gehalten werden.

Reinigungsrituale sind eine persönliche Angelegenheit

Ganz gleich, für welches persönliche Reinigungsritual du dich entscheidest: Das einzige, was zählt, ist dein Vertrauen. Aus meiner Erfahrung empfehle ich dir den Aufbau: »Schutz – Reinigung – Auffüllen« in dein Ritual zu integrieren.

Wenn du das große Glück hast, bereits tief erkannt zu haben, dass du ein göttliches, multidimensionales Wesen bist, wird dir deine innere Weisheit vielleicht den Hinweis geben, dass du nichts und niemanden benötigst, um einen Schutz aufzubauen, eine Reinigung durchzuführen und dich mit befriedenden und ausbalancierenden Energien aufzufüllen. Denn tatsächlich ist unser Menschsein, welches wir genau jetzt leben, *ein* Aspekt unserer zeitlosen multidimensionalen Existenz. Diese zeitlose multidimensionale Existenz möchte ich hier aus vereinfachenden Gründen in der Bezeichnung ICH BIN zusammenfassen. Dieses ICH BIN, das *du* bist, ist *alles*, war *alles* und wird immer *alles* sein. Es ist nicht geringer als ein Erzengel oder ein Aufgestiegener Meister.

Wenn du diese tiefe Gewissheit und Kraft in dir spürst, reicht es aus, dich nochmals bewusst damit zu verbinden, um dir diese Kraft bewusstzumachen. Damit richtest du deine Aufmerksamkeit gezielt darauf aus. Wenn es dir wohltut, nutze gerne die Formulierung »kraft meines göttlichen ICH BIN«. Ich werde im Anschluss einen kleinen Vorschlag notieren, wie du ein solches Ritual formulieren könntest. Lass also niemals die Befürchtung in dir aufsteigen, du würdest etwas falsch machen, wenn du den Vorschlägen in diesem Buch nicht genau folgst. Deine innere Weisheit ist groß und wird dich auf deinem Weg führen. Du kannst nicht verlorengehen, und dir wird kein vernichtendes Ungemach widerfahren. Du bist unendlich. Dich daran zu erinnern, darf immer mehr freudvollen Raum in deinem Leben einnehmen.

In den Jahren, da ich die große Freude habe, im wachbewussteren Bereich mit der geistigen Ebene der Engel und der Aufgestiegenen Meister arbeiten zu dürfen, habe ich mir *mein* persönliches Reinigungsritual erstellt. Es ist zu einer Zeit entstanden, in der ich noch große Befürchtung in mir trug, ich könnte bei meiner Reinigung auch nur das geringste vergessen oder falsch machen. Daher habe ich ziemlich viel hineingepackt. Mit den Jahren und der viel tausendfachen Wiederholung dieser Worte haben sie sich in mein Gedächtnis eingeschliffen wie eine Gravur. Heute weiß ich, dass all das Umfangreiche nicht wirklich benötigt wird. So eine Gravur jedoch sitzt reichlich fest, und irgendwie gibt sie auch Sicherheit. Immer wieder ändere ich sie ab, um dann zu bemerken, dass ich sie erneut altbekannt in mir abspule. Es amüsiert mich, und ich finde diese Marotte richtig niedlich. Also lasse ich es so, bis ich es eines Tages verändere.

Habe ich schon erwähnt, dass es dir freisteht, dein eigenes Reinigungsritual zu erschaffen? Ja, ich denke, das habe ich erwähnt. Lasse dich einfach inspirieren und verändere, so wie es dir wohltut.

Ob meine Version auch ganz sicher funktioniert und nicht auf schräge Pfade oder gefährliche, energetische Verirrungen und Verwirrungen führt?

Leider kennen wir beide uns nicht persönlich und so muss ich auf die Menschen verweisen, die mich kennen. Diese könnten nun Auskunft darüber geben, ob sie den Eindruck haben, dass diese Form der Reinigung funktioniert. Ich selbst habe den Anspruch an eine Reinigung, dass der jeweilige Mensch mehr und mehr in seine Kraft kommt. Und einem Menschen, der in seiner Kraft ist, sieht man dies an. Wobei dieser natürlich Mensch bleibt und auch einmal schlechtere Tage, schlechtere Laune und schlechtere Gesundheit haben darf. Wenn wir all das mit einem Ritual beseitigen könnten… na, das wäre ja mal toll! Vordergründig zumindest. Denn tatsächlich ist das das Feld, das den Menschen ausmacht: Emotionen, Leben, Erfahrungen und Wachstum.

Ganz gleich welche Methoden angewendet werden:

Das Wichtigste ist dein Vertrauen. Also ist es wirklich notwendig, nur solche Techniken zu verwenden, bei denen von dir ein entschiedenes *Ja* ausgesprochen werden kann.

Bestimmte Begrifflichkeiten und Formulierungen meines Rituals werden dich vielleicht irritieren, und daher werde ich diese gerne im Anschluss an die folgende Reinigung erklären. Denn auch ich würde etwas irritiert den Kopf schütteln, würde ich diese Begriffe ohne weitere Erläuterungen lesen.

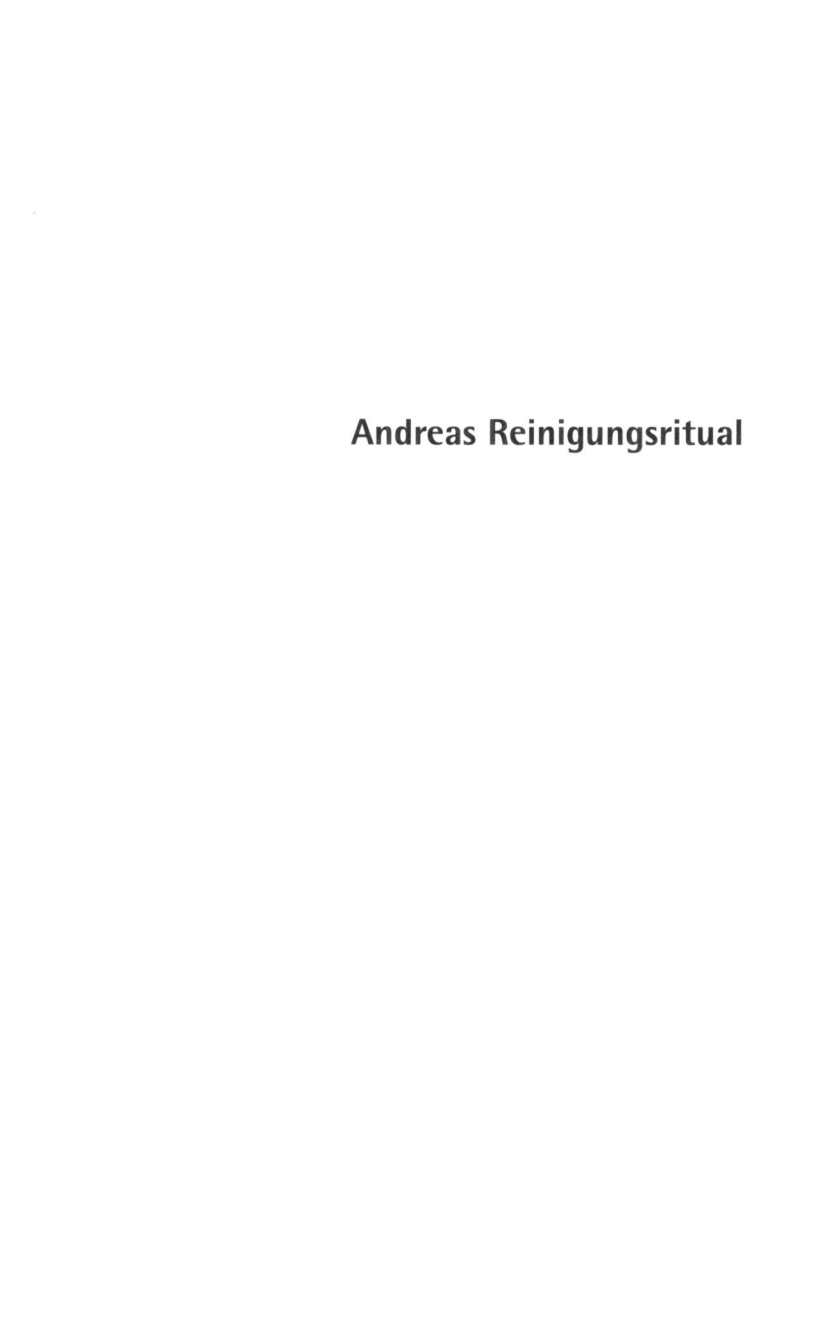

Andreas Reinigungsritual

Wenn du magst, suche dir ein ruhiges Eckchen und einen bequemen Sessel, atme ein paar Atemzüge bewusst ein und aus und komme ganz auf deinem Platz an. Der Aufbau des Reinigungsrituals beginnt mit

- der Anrufung der Hohen Ebene,
- dem Errichten eines unüberwindlichen Schutzes,
- der Reinigung selbst
- und dem Auffüllen.

Lies dir den Reinigungstext und auch die nachfolgenden Erläuterungen hierzu gerne zunächst in Ruhe durch und prüfe, ob die Worte in dir Vertrauen finden. Und wenn dieses Vertrauen gegeben ist, sprich die Worte bewusst und in Achtsamkeit aus.

»Energie fließt wie die Aufmerksamkeit«, erklärt meine Schwester immer, die eine bekannte Ausbilderin und Beraterin im Feng Shui ist. Und der Kontakt mit der geistigen Ebene funktioniert genauso. Je bewusster und aufmerksamer du die Worte an deine hohen Freunde in der geistigen Welt richtest, desto klarer ist der Kontakt, desto besser ist die Standleitung, könnte man sagen. Bist du jedoch unkonzentriert und mit den Gedanken woanders, ist auch die Standleitung etwas wackeliger.

Oft tut es daher gut, wenn diese Worte in einem ungestörten Eckchen laut ausgesprochen werden können. Das hilft, sich zu konzentrieren. »Am Anfang war das Wort.« Das gesprochene Wort ist mächtiger als das gedachte Wort. Aber es ist nicht immer passend, bestimmte Worte oder Sätze laut auszusprechen. Und ich würde dies im Zusammenhang mit der Energetischen Reinigung an deinem Arbeitsplatz oder in deinem Wohnzimmer im Beisein deiner Familie nicht unbedingt empfehlen. Es hilft wenig, zwar energetisch gereinigt zu sein, sich hierdurch jedoch das Ansehen in den Augen der Anwesenden ruiniert zu haben.

Los geht's !

Vorbereitung und Anrufung

Ich rufe die Welt der Engel und Erzengel und die Welt der Aufgestiegenen Meister und bitte um Reinigung und darum, mich als Werkzeug einzusetzen.

Die Errichtung eines Schutzes

Ich bitte dich, Erzengel Michael, um die Errichtung eines unüberwindlichen, magischen, kosmischen, elektronischen Schutzes, der all das umschließt, was ICH BIN, all das, was mein Zuhause in (nenne hier gerne den Ort) ist und all die Verbindungen mit und zu Menschen, Wesen und Objekten, so weit dies gut und richtig ist und dem höchsten Wohle dient.

Die Reinigung

Aus der reinen göttlichen Quelle und dem reinen Christusgeist erbitte ich ein mächtiges reinigendes Licht, das all das durchdringt, durchspült, durchflutet und umhüllt, was ICH BIN, all das, was mein Zuhause in … ist und all die Verbindungen mit und zu Menschen, Wesen und Objekten, so weit dies gut und richtig ist und dem höchsten Wohle dient.

Dieses mächtige, reinigende Licht möge all das durchwirken bis hinein in jeden Geist, jede Seele, jeden Körper, jeden Gedanken, jede Emotion und jeden Prozess, jeden Raum und jeden

Zwischenraum, jedes einzelne Chakra, all die Bluttropfen und Organe, alle flüssigen und festen Bestandteile, jede einzelne Zelle mit ihrer DNS, bis in die kleinste und feinste Einheit des Seins.

Dieses mächtige reinigende Licht möge all das erfassen, was nicht dazugehört, krankmacht, blockiert, behindert, schwächt, ängstigt oder in irgendeiner Form Energien abzieht. Ich bitte voll Vertrauen darum, all diese Energien mögen dorthin geführt und begleitet werden, wo sie zu Hause sind, gebraucht werden oder glücklich sind.

Ich bitte dich, Erzengel Zadkiel, und dich, Meister Saint Germain: Bitte stellt für mich die Silber-Violette Flamme zur Verfügung. Diese möge all das durchdringen und durchwirken, was ICH BIN, all das, was mein Zuhause in … ist und all die Verbindungen mit und zu Menschen, Wesen und Objekten, soweit dies gut und richtig ist und dem höchsten Wohle dient.

Diese mächtige, reinigende Flamme möge all das durchwirken bis hinein in jeden Geist, jede Seele, jeden Körper, jeden Gedanken, jede Emotion und jeden Prozess, jeden Raum und jeden Zwischenraum, jedes einzelne Chakra, all die Bluttropfen und Organe, alle flüssigen und festen Bestandteile, jede einzelne Zelle mit ihrer DNS, bis in die kleinste und feinste Einheit des Seins.

Durch die Macht der Silber-Violetten Flamme möge all das gereinigt und transformiert werden, was JETZT gereinigt und transformiert werden darf.

Das Auffüllen

Ich erbitte aus der reinen göttlichen Quelle und dem reinen Christusgeist kommend all die Energien, die es vermögen, vorhandene Energien aufzufüllen und auszubalancieren, all die Energien, die es vermögen, jedes einzelne Chakra aufzufüllen und auszu-

balancieren und in die vollkommene göttliche Richtung einzu-
schwingen in Gleichklang und Harmonie, und all die Energien,
die benötigt werden, um auch weiterhin den Weg der Heilung zu
gehen – aufrecht, in Gesundheit und Stärke, in stetig wachsender
Leichtigkeit und Lebensfreude. Darum bitte ich für all das, was
ICH BIN, für all das, was mein Zuhause in … ist und für all die
Verbindungen mit und zu Menschen, Wesen und Objekten, so
weit dies gut und richtig ist und dem höchsten Wohle dient.

Diese Energien mögen wirken bis hinein in jeden Geist, jede
Seele, jeden Körper, jeden Gedanken, jede Emotion und jeden
Prozess von all dem, jeden Raum und jeden Zwischenraum, jedes
einzelne Chakra, all die Bluttropfen und Organe, alle flüssigen
und festen Bestandteile, jede einzelne Zelle mit ihrer DNS, bis in
die kleinste und feinste Einheit des Seins.

Wenn du frei von der Anrufung geistiger Helfer deine Reinigung durchführen möchtest, könntest du die Namen von
Erzengeln und Aufgestiegenen Meistern durch die Formulierung ICH BIN ersetzen. Beispielsweise:

»Kraft meines göttlichen ICH BIN errichte ich einen unüberwindlichen, magischen, kosmischen, elektronischen
Schutz, der all das umschließt, was ICH BIN, all das, was
mein Zuhause in (nenne hier gerne den Ort) ist und all die
Verbindungen mit und zu Menschen, Wesen und Objekten,
soweit dies gut und richtig ist und dem höchsten Wohle
dient.«

»Kraft meines göttlichen ICH BIN rufe ich zu mir die Silber-Violette Flamme. Diese möge all das durchdringen und
durchwirken, was ICH BIN, all das, was mein Zuhause in …
ist und all die Verbindungen mit und zu Menschen, Wesen

und Objekten, soweit dies gut und richtig ist und dem höchsten Wohle dient…«

Bist du ein visueller Mensch, ist es auch eine Möglichkeit, dir das Silber-Violette Licht bildhaft vorzustellen und dieses in alle Winkel deines Seins zu entsenden, damit es so seine transformierende Wirkung für dich tun kann.

Du siehst: Alles ist möglich!

Erläuterungen zu
Andreas Reinigungsritual

Die »Anrufung« ist oft wichtiger, als man denkt. Sie dient nicht nur als freundliche Bitte, mit der du dich an die Hohe Geistige Ebene wendest. Sie adressiert diese Bitte. Denn du sprichst eindeutig die Ebene der Engel und die der Aufgestiegenen Meister an. So kannst du dir auch an weniger selbstbewussten Tagen sicher sein, dass sich nichts und niemand schwächend dazwischenschiebt.

Vor allem aber richtest du durch diese Anrufung deine Aufmerksamkeit auf diese Bitte. Das verhindert, dass du nur so ganz nebenbei darum bittest; vielmehr entschließt du dich dazu, den Prozess der Reinigung einzuleiten. Bei allem, was du im energetischen Bereich für dich oder andere tust, ist stets die »reine Absicht« das Wunderwerkzeug. Ohne diese »reine Absicht« schickst du eine Postkarte ohne Angabe des Empfängers ab. Vielleicht hast du diese nicht einmal beschrieben. Wann immer du dich also mit der geistigen Ebene verbindest, tue es bewusst. *Dann ist es getan.*

Du hast die Formulierung »...ich bitte um Reinigung und darum, mich als Werkzeug einzusetzen« gelesen.

»Mich als Werkzeug einzusetzen« bedeutet, dass du bereit bist, auf allen Ebenen deine Fähigkeiten mit in diesen Reinigungsvorgang einzubringen. Nun wirst du vielleicht denken: »Wie soll ich mich denn einbringen? Ich weiß doch gar nicht, wie das geht.« Streiche diesen Gedanken ersatzlos. Du bestehst aus so vielen Anteilen, Schichten und Ebenen, aus Seele und aus unbeschreiblich viel mehr. Die hohen, mächtigen Anteile, aus denen du bestehst, werden mit der hohen Ebene gemeinsam deine Reinigung durchführen. Bittest du also darum »... mich als Werkzeug einzusetzen«, erhebst du dich aus dem Status eines kleinen Kindes, das einfach nur sagt: »Mach mal für mich. Ich kann das nicht.« Dich mit all dem, was du bist, an diesem wundervollen Prozess zu beteiligen – ganz gleich, ob du dir das vorstellen kannst oder nicht –, macht dich energetisch zu einem Erwachsenen.

Du hast auch gelesen »Ich bitte dich, Erzengel Michael, um die Errichtung eines unüberwindlichen, magischen, kosmischen, elektronischen Schutzes.«

Von Erzengel Michael hast du sicher schon gehört. Er gilt als der mächtigste Erzengel, dessen Name »Wer ist wie Gott?« bedeutet (abgeleitet aus dem hebräischen »Mikha-el«). Er ist bekannt als Unterstützer und Erretter aus Gefahrensituationen. Er dient uns stets als mächtiger und liebevoller Beschützer, wann immer wir in Not sind: Er ist ein wunderbarer Ansprechpartner. Und in den Lebensphasen, in denen du den Horizont und die Sonne nicht mehr sehen kannst... Erzengel Michael wird deinen Blick wieder weiten, dich wieder auf deinen »richtigen« Weg stellen und den Rückweg für dich offenhalten. Diese Kraft und Klarheit ist eine Wohltat für unzählige Lebenssituationen und natürlich für den Aufbau eines unüberwindlichen Schutzes.

Jeder Engel und jeder Aufgestiegene Meister steht gerne für deinen Reinigungswunsch zur Verfügung. Aber manche dieser Wesen kennen wir bereits seit unserer Kindheit aus Geschichten. Auf einer tiefen Ebene haben wir Menschen daher zu bestimmten Engeln in bestimmten Funktionen besonderes Vertrauen. Bei dem Aufbau der Energetischen Reinigung nutzen wir genau dieses Vertrauen. Steht dir persönlich jedoch die Energie eines bestimmten Engels sehr nahe, darfst du gerne auch diesen darum bitten. Achte jedoch auf den konsequenten Aufbau: Schutz – Reinigung – Auffüllen. Denn dieses Ritual möge dich in deine Kraft führen, statt dich langsam und unbemerkt zu schwächen.

Auch hast du gelesen „magischen, kosmischen, elektronischen…«.

Magisch meint hier nicht ein magisch-okkultes Ritual. Magisch bedeutet, dass etwas gemacht werden muss. In »gemacht werden« steckt das Wort »Macht«. Dies bedeutet, dass zur Errichtung dieses unüberwindlichen Schutzes Macht erforderlich ist. Da das Universum groß ist und unglaublich viele Formen von Energien darin wirken, ist eine große Macht erforderlich, die dich sicher durch all diese Energien führt.

»Kosmisch« meint, dass diese Energien, die für die Errichtung dieses unüberwindlichen Schutzes erforderlich sind, nicht vollständig im Erdensystem gefunden werden können. Es wird ein Energiecocktail benötigt, der aus dem gesamten Kosmos zusammenströmt.

»Elektronisch« beschreibt eine ganz bestimmte Frequenz. Du kennst sicher elektrische Fliegenfallen. Diese schimmern in einem elektrisch-blauen Licht. Wenn du dort hineinschaust, wirst du eher eine Abstoßung deines Blickes empfinden. Kerzenlicht ist warm, und du möchtest hineinschauen. Dieses elektrisch-blaue Licht hingegen birgt eine Frequenz, die Distanz schafft.

Du hast auch gelesen »Ich bitte dich, Erzengel Zadkiel, und dich, Meister Saint Germain: Bitte stellt für mich die Silber-Violette Flamme zur Verfügung.«

Erzengel Zadkiel wirkt für uns mit der Violetten Flamme. Auch er ist ein sehr mächtiger Engel und wirkt durch diese Flamme für uns mit einer außerordentlichen Reinigungs- und Transformationskraft. Die Violette Flamme ist ein Geschenk, denn durch sie haben wir die Möglichkeit, Muster, Blockaden und auch bedrückende Erlebnisse zu wandeln und dem Licht zu übergeben. Zadkiel spendet auch Trost und hilft uns dank der mächtigen Transformationskräfte über Trauer hinweg.

Wichtig! Bei der Arbeit mit der Violetten Flamme ist unbedingt darauf zu achten, dass es sich um eine sehr starke und transformierende Energie handelt. Wenn du diese gezielt einsetzen möchtest, errichte bitte zuvor deinen unüberwindlichen Schutz, in der zuvor beschriebenen Form. *Immer* ist bei der Arbeit mit der Violetten Flamme darauf zu achten, anschließend befriedende Energien nachzupflegen. Fülle dich also anschließend unter allen Umständen auf. Dieses Auffüllen sollte etwas länger dauern als die Reinigung selbst, auch wenn der Text meines persönlichen Reinigungsrituals zu dem Thema Auffüllen im Vergleich kürzer ist. Diese Flamme ist hochwirksam. In sehr weltlicher Form kannst du sie dir als ätzende Substanz vorstellen, wenn dies auch ein sehr hinkender Vergleich ist. Ich bin mir sicher, du greifst sehr zügig nach einer beruhigenden Creme, wenn dir eine Chemikalie über die Hand geflossen ist. Genauso machst du das bitte im Umgang mit der Violetten Flamme. Im Laufe der Zeit wirst du körperlich spüren, wann eine Reinigung und ein Auffüllen abgeschlossen sind. Bis es soweit ist, hab einfach die reale Zeit etwas im Auge.

Meister Saint Germain ist kein Engel. Er gehört zu den Aufgestiegenen Meistern. Diese sind nichtkörperliche Wesenheiten höherer Bewusstseinsebenen, die uns Menschen bei der Bewusstwerdung unterstützen. Ihnen ist das Leben auf der Erde wohlbekannt und somit auch sämtliche menschlichen Probleme, Widerstände und Hürden. Viele Aufgestiegene Meister – wenn auch nicht alle – haben bereits auf der Erde gelebt und erlebten das gleiche Dilemma, sich wieder erinnern zu müssen, wer sie eigentlich sind. Genau wie du und ich, mussten sie sich am eigenen Schopf aus dem einen oder anderen Schlamassel herausheben. Und es ist ihnen geglückt, so wie es auch dir glücken wird. Aus diesem eigenen Erleben heraus sind sie uns heute auf unserem Erkenntnisweg mit all ihrer Erfahrung und Liebe sehr gerne behilflich.

Meister Saint Germain ist Meister der Transformation und gibt zu der Violetten Flamme das silberne Licht der Gnade mit hinzu.

Fühle einmal selbst hinein:

Stelle dir die Farbe Violett vor. Wie fühlt sich diese an? Stelle dir anschließend die Farbe Silber vor. Wie fühlt sich *diese* an? Kannst du den Unterschied spüren? Kannst du nachempfinden, dass Violett tief und durchdringend wirkt? Silber ist hingegen fast kühlend, klar und doch intensiv. Sicher fallen dir selbst noch viele andere Vokabeln hierzu ein. In Kombination von beiden »Farben« entsteht eine weitere hochfrequente Energie, die unter anderem Barmherzigkeit, Gerechtigkeit, Vergebung und Freude in sich birgt.

Auch hier möchte ich dich noch einmal darauf hinweisen: Es ist letztendlich nicht wirklich wesentlich, ob du dein persönliches Reinigungsritual in Anbindung an dein ICH BIN oder mit einem Engel beziehungsweise Aufgestiegenen Meister durchführen möchtest. Ihnen allen stehen die Energien zur Verfügung, auch die Silber-Violette Flamme. Aus meinem Vertrauen heraus wende ich mich an Erzengel Zadkiel und an Meister Saint Germain. Du kannst jedoch auch alles in den Händen Erzengel Michaels belassen. Wähle so, wie es sich für dich richtig anfühlt.

Im Zusammenhang mit dem Thema »Auffüllen« hast du gelesen »Ich erbitte aus der reinen göttlichen Quelle und dem reinen Christusgeist kommend …«.

Die »reine göttliche Quelle« dürfte für dich eine bekannte Formulierung sein. Hiermit bezeichnet man das reine göttliche Feld. Es ist der Ursprung allen Seins, die Urenergie, der Urstoff, aus dem wir kommen und zu dem wir zurückkehren. Es ist das, was wir sind, was wir waren und was wir immer sein werden, das *All-Eine*. Aus diesem Urstoff werden die Energien in reinster Form zu dir kanalisiert, ohne jegliche Verunreinigung oder Gefährdung, in ihrer reinen Kraft.

Im Zusammenhang mit dem »Christusgeist« musste ich selbst zunächst verstehen, dass dieser keine katholische Erfindung ist. Inzwischen habe ich erkannt, dass er nicht gebunden ist an eine Religion oder an den Menschen, den wir als Jesus kennen. Jesus jedoch hat diese Energie des Christusgeistes in unsere Welt gebracht, sie hier verankert. So konnte sich diese Welt aus dem Dunklen in lichtvollere Energien hineinentwickeln, immer näher der reinen göttlichen Liebe, die in allem wohnt – auch in uns Menschen. Durch diese Energie konnten wir den Weg aus der archaischen Welt in die Geist-Seelen-Welt finden. Dieses Energiefeld ist Ausdruck eines geistig-seelischen Schwingungszustandes, der in Harmonie ist mit der geistigen Allordnung. Sie ist Inbegriff von Licht, Liebe und Leben, von Wahrheit, Güte und Freiheit.

Die Energetische Reinigung und ihr Alltagsnutzen

Wenn du mit diesen Energien arbeitest, kann sich dein Leben nur zum Guten verändern. Sie sind hochwirksam und werden durch mächtige Wesen geführt. Und obwohl all dies so mächtig wirkt, dass man vor Ehrfurcht erschaudern könnte, dienen sie den größten Anliegen bis hin zu den scheinbar kleinsten. Lasse also eine Angelegenheit nie zu gering sein, als dass du mit diesen Werkzeugen arbeitest. Du lässt auch keinen Hammer in der Schublade liegen, nur weil der Nagel klein wirkt. Es geht bei einem Nagel selten um den Nagel. Es geht um die Sache, die du daran aufhängen willst.

Kümmere dich also gerne um die scheinbar kleinen Dinge in deinem Leben. Sie werden das vermeintlich Große stärken.

Ist ein Raum gereinigt, fühlst du dich dort wohl. Unruhebringende Erinnerungen und anhaftende Emotionen aus altem Streit oder Sorgen werden transformiert und lichtvoll gewandelt. Du wirst dich nach der Energetischen Reinigung erfrischt fühlen, und deine Gedanken werden sich beruhigen. Durch das Klären und Auffüllen nährst und versorgst du dich selbst und deinen Lebensraum oder auch deinen Arbeitsplatz. In einem solch »lichtvollen« Umfeld kann eine andere Qualität von Gesprächen, Gedanken und Beziehungen entstehen. Die umgebenden Energien werden somit hochfrequenter. In dieser erhöhten Frequenz kann sich nichts aufhalten, was einer niederer schwingenden Frequenz angehört. Wenn du beispielsweise damit beginnst, dein Büro regelmäßig oder gar täglich zu reinigen, werden dir unangenehme Kollegen dein Büro möglichst meiden. Es kann auch geschehen, dass dein Büro zu einem Magneten für Kolleginnen und Kollegen wird, die Zuspruch und Verständnis suchen. Die Gespräche werden sich verändern; auch deren Qualität.

Eine hochschwingende Energie lässt nur hochschwingende Energien zu. Zorn, Eifersucht, Neid und so weiter sind niederschwingende Energien. Wenn diese nicht zu deiner Lernerfahrung gehören, werden sie durch die Energetische Reinigung transformiert und durch das Auffüllen mit neuen Energien harmonisiert und ausbalanciert. Und nun stelle dir das in allen deinen Lebensbereichen vor.

Es ist tatsächlich so, dass auch in deinem Leben durch diese Form der Reinigung schwächende und blockierende Lebenssituationen und Muster transformiert werden. Durch das Auffüllen kehren höherfrequente Energien in dein Leben ein, und neue Lebensumstände werden sich einstellen. Du wirst damit beginnen, anders zu denken, andere Entscheidungen zu fällen, deine Sprache wird sich verändern und dein Umgang mit Menschen im allgemeinen.

Wer sich für diese Form der Energetischen Hygiene entscheidet, wird den Weg der Bewusstwerdung beschreiten. Immer mehr wirst du verstehen, erkennen, wandeln.

Bitte reinige fremde Bereiche *ausschließlich und nur* dann, wenn du darum gebeten wirst. Reinige also nicht ungefragt deinen Mann oder deine Kinder oder dein Büro, wenn auch Kolleginnen und Kollegen darin arbeiten. Durch einen solchen energetischen Ein- und Übergriff überschreiten wir Menschen Grenzen, die zu überschreiten uns nicht zusteht. Der persönliche Wille des anderen wird dadurch massiv verletzt, auch wenn du glaubst, nur das Beste für die anderen zu wollen.

Bittest du jedoch darum mit der Ergänzung, es möge im Einklang von Allem-was-Ist geschehen, gibst du an eine höhere Instanz vertrauensvoll ab, und es kann geschehen, was geschehen darf. So hat die Bitte um Reinigung eine wohltuende Wirkung.

Verspürst du in einer Situation den Impuls, andere Personen oder Gemeinschaftsräume energetisch zu reinigen, bitte um Schutz, Reinigung und Auffüllen immer mit dem Zusatz

»… sofern und soweit es im Einklang mit dem Willen des Hohen Selbst von … (hier gerne den Namen der jeweiligen Personen einsetzen) … und im Einklang mit dem Willen der göttlichen Quelle ist.«

Zum Thema Energetische Reinigung gäbe es noch so vieles zu berichten. Von Räucherungen mit Kräutern oder Harzen habe ich hier noch gar nicht gesprochen, und auch die Beschreibung der geistigen Ebene oder die Energien, von denen wir uns lösen möchten. Aber das würde eine Unzahl von Seiten folgen lassen. Aus diesem Grunde inspiriere ich dich an dieser Stelle dazu, dich an ergänzenden Büchern zu erfreuen. Es lohnt sich und macht große Freude.

Hilfreiche Reinigungstips
für ein besseres Leben

Immer, wenn du dich in einer unangenehmen Situation oder Emotion verheddert hast… Reinige!

Du hast die Wahl, dich weiter im Kreis zu drehen oder aber dich von Hoher Instanz unterstützen zu lassen. Manchmal kostet es wirklich Kraft und Disziplin, gerade dann, wenn es einem nicht so gut geht, sozusagen die letzten Kraftreserven zu mobilisieren und sich samt dem Umfeld zu reinigen. Und nicht immer kann man seinen inneren Schweinehund überwinden.

Aber versuche es! Anschließend wirst du dich ganz erheblich besser fühlen und wieder einen klareren Blick auf die Dinge haben. Denke jedoch an den Zusatz »… sofern und soweit es im Einklang mit dem Willen des Hohen Selbst von … und im Einklang mit dem Willen der göttlichen Quelle ist.«

Wenn du mit einer Person im Streit liegst und bemerkst, dass du dich nicht aus den zornigen Gedanken lösen kannst… Reinige!

Reinige ganz besonders die Verbindung zwischen dir und dieser Person beziehungsweise den beteiligten Personen. Es werden bei diesem Prozess all die Emotionen und Anteile durchlichtet und transformiert, die nicht mehr erforderlich sind. Nach dieser Reinigung brauchst du dich emotional und auch in gelebter Form nur noch um die Aspekte der betreffenden Angelegenheit zu kümmern, die für dich als Erfahrung wichtig sind. Denn auch Streit ist ein hilfreiches Werkzeug, um zu lernen und zu wachsen.

Wenn du weißt, dass du mit einer Person in Kontakt kommst, die dich beinahe *immer* belastet, in Spannung bringt oder gar wütend macht, wann immer du ihr begegnest… Das können oft auch Elternteile sein, Geschwister, Nachbarn und Kollegen:

Bitte die geistige Ebene darum, dich mit reinem, göttlichem goldenen Licht einzuhüllen, ganz und gar. Dieses goldene Licht erschafft eine Membran, durch die all das Wertvolle eindringen kann. Das Schwächende, das Drückende und Missachtende – gerade durch Gespräche transportiert – bleibt in einer kühlenden Distanz. Mitgefühl jedoch bleibt erhalten. Du rutschst durch dieses besondere Licht nicht in Arroganz oder Überheblichkeit ab.

Nutze bei solchen Gelegenheiten bitte *kein* rosafarbenes Licht. Dies wird oft empfohlen, und bei Rosa handelt es sich tatsächlich um eine sehr wertvolle Schwingung. Rosa Licht führt jedoch häufig zu dem Wunsch nach Nähe und sympathiebekundendem Körperkontakt. Das ist in der Regel nicht gerade das, was du bei einer von dir als schwierig empfundenen Personen erreichen möchtest.

Bist du Berater oder Therapeut? Vielleicht kennst du das Phänomen, dass nach einem intensiven Kunden- oder Patiententermin deine Finger, Hände und Beine dick werden, sich mit Wasser füllen; vielleicht sogar die Schuhe nicht mehr passen oder zumindest kneifen.

Das könnte ein Hinweis darauf sein, dass du ambitioniert und beherzt mit deinen Lieben arbeitest. Es ist sehr wahrscheinlich, dass du deinen Kunden besonders dienlich sein möchtest. In einem solchen Fall neigt man dazu, energetisch sehr »zu dem anderen überzufließen«. Man könnte es so beschreiben, dass dein Körper dann keinen Halt mehr hat. Deine Energien beginnen regelrecht zu dem anderen hinüberzuströmen.

Das tust du sicher mit den besten und redlichsten Absichten. Aber erinnere dich an den Hinweis mit dem eigenen Blut. Wir kommen nicht auf die Idee, dem anderen unser Blut in die Venen zu übertragen. Uns ist sehr bewusst, das kann für den anderen unangenehm enden. Die Person, die dich konsultiert, wünscht deine Fähigkeiten, nicht deine Energien. Eine solche Übertragung tut dem Gegenüber so wenig gut wie das Abfließen der Energie dir selbst. Sei dir sicher: Du bist sehr hilfreich für deinen Kunden. Du musst dich nicht auch noch in ihm auflösen, um ihm zu dienen.

Wenn du also während oder nach deiner Arbeit mit Menschen geschwollene Hände und Beine beobachtest, erbitte *vor* dem Beratungs- beziehungsweise Behandlungstermin folgenden oder einen ähnlichen Schutz:

»Ich bitte dich, Erzengel Michael, um die Errichtung eines unüberwindlichen, magischen, kosmischen, elektronischen Schutzes, der all das umschließt, was ICH BIN, und um meine Arbeitsräume herum.

Für meine Arbeit (für meinen Termin mit Herrn…, Frau …) erbitte ich einen ganz besonderen Schutz um all die Anteile meines Seins herum, die ganz besonderen Schutzes bedürfen, so dass all die Energien, die zu mir gehören, bei mir bleiben und nicht abfließen können.«

Du wirst von jetzt an deine Termine viel gesetzter erleben, und auch deinem Körper wird es besser ergehen.

Wann immer du müde oder unruhig bist:

Fülle dich auf! Du kannst den Teil der Energetischen Reinigung, der sich mit dem Auffüllen beschäftigt, zu *jeder Zeit* auch als eigenen Baustein verwenden. Errichte zunächst deinen Schutz und bitte anschließend um ausgleichende und ausbalancierende Energien. Du wirst sehen, dass unverzüglich Ruhe und Kraft in dich zurückkehren.

Meine Arbeitstage sind sehr häufig lang, und meine Woche hat ebenso häufig mehr als die üblichen fünf Arbeitstage. Ich bin der Typ für solche Arbeitskonzepte, und es belastet mich nicht. Dennoch kennt auch mein Körper normale Ermüdungserscheinungen. Ich habe den menschlichen Körper ja nicht neu erfunden. Also funktioniert meiner genau wie deiner. Aber durch das Auffüllen haben wir die Möglichkeit, uns recht schnell wieder in Kraft zurückzubringen. Die Aussage »der oder das zieht mir Energie ab« hat somit keine Gültigkeit mehr. Und sollte es dennoch passieren, prüfe, ob du vielleicht viel Kraft dort hineingibst, und ändere das.

Eine kleine Episode: Vor vielen Jahren traf ich mich am Abend mit einem lieben Freund in einem Restaurant. Der Abend war lange geplant, und ich hatte mich sehr darauf gefreut. Aber dieser Tag war so hektisch und anspruchsvoll gewesen, dass meine Gedanken abends ständig abrutschten.

Dieser liebe Freund hatte ebenfalls einen spannenden Tag. Allerdings sehr erfreulich spannend. Deshalb wollte er mir von seinen Erlebnissen mit erfreulichen und dynamischen Worten berichten. Ich bemerkte nach wenigen Minuten, dass es mir überhaupt nicht möglich war, zuzuhören. Immer wieder rutschte meine Aufmerksamkeit zurück in meinen Tag. Natürlich hätte ich so tun können, als würde ich zuhören. Aber das war nun wirklich nicht Sinn dieser Sache. Also sagte ich: »Du, ich geh jetzt mal zur Toilette, und wenn ich wiederkomme, erzählst du mir das ganze noch einmal.«

Ich begab mich also auf den Weg zur Toilette und begann schon dabei in Gedanken mit meiner Reinigung. Die Stufen hinunter zu den Damentoiletten, Hände waschen, die Stufen wieder hinauf in den Restaurantbereich, mich zu ihm an den Tisch setzen, den Kopf heben, ihn erwartungsvoll ansehen…

Er schaute ganz verdutzt und sagte: »Was ist denn jetzt los? Warst du duschen? Du siehst ja völlig verändert aus.« Ich erwiderte grinsend, dass er das ganz sicher nicht so genau wissen wolle. Aber er ließ nicht locker, sagte: »Egal, was es ist. Das will ich auch können.«

Er wollte genau erfahren, wie innerhalb von drei Minuten solch ein Ergebnis zu erreichen sein konnte. Also erklärte ich es ihm mit vorsichtigen Worten, denn er ist Manager und die Zusammenarbeit mit Engeln liegt nicht gerade in seinem Erlebnisbereich. Das heißt, korrekter müsste es heißen: Es *lag* nicht in seinem Erlebnisbereich. Denn nach dieser Erfahrung wollte er lernen, wie diese Form der Eigenarbeit funktioniert, und so folgt er dieser Unterweisung bis heute.

Reinigen und die
liebe Konzentration

Wenn man selbst zu den Menschen gehört, denen ruhiges Sitzen und Verweilen nicht in die Wiege gelegt wurde, kann so eine konzentrierte Reinigung wirklich eine Herausforderung sein.

Ich selbst konnte keine zwei Minuten stillsitzen, ohne dass mein Gehirn sich mit anderen, ganz offensichtlich spannenderen Dingen beschäftigt hat. Also habe ich den Reinigungstext, den ich mir zurechtgelegt hatte, laut ausgesprochen. Hätte ich dies nur in Gedanken getan, hätte ich wohl nicht einmal bemerkt, dass ich geistig sonstwo herumschlenderte. Das Aussprechen hat meine Konzentration besser im Hier und Jetzt gehalten. Bis ich die einzelnen Reinigungsabläufe körperlich gespürt habe, dauerte es viele Monate. Aber das machte nichts. Denn das Ergebnis war in meinem Leben sofort zu sehen.

Beispielsweise waren meine Gedanken sehr mit dem Tagesverlauf beschäftigt, wenn ich aus einem Seminartag in mein Privatleben zurückkehrte. Bei meinem Mann zu Hause angekommen, durfte er in mir einen verwirrten Professor begrüßen, der zunächst einmal abschalten musste, bevor unser Privatleben in mein Blickfeld trat. Das war uns beiden nicht recht.

Also habe ich damit begonnen, mein Reinigungsritual bereits während der Autofahrt durchzuführen. Natürlich ist es erheblich wirkungsvoller, wenn man sich mit aller Achtsamkeit zurückzieht, um dies konzentriert zu erleben. Aber wenn es nicht möglich ist, ist jede Art der Reinigung besser als keine. Meine Art, an die Sache heranzugehen, hat stets dazu geführt, dass ich den Tag bereits nach wenigen Kilometern Heimfahrt regelrecht vergessen hatte und mein Mann tatsächlich seine Frau begrüßen konnte. Privatleben fand von dem Moment an statt, an dem mein Fuß die häusliche Türschwelle überschritt.

Dies war und ist für unsere Beziehung ein echter Segen. Denn mein Mann hat sich keine Energiearbeiterin zur Frau gewählt, sondern Andrea. Und mit dieser Frau möchte er sein Leben verbringen. Er selbst ist in einem klassisch männlichen Beruf tätig. Ich möchte auch nicht, dass er mich in unserer gemeinsamen Zeit mit männlichen Kraftworten oder Gesten quält.

Die Energetische Reinigung hilft also auch ganz alltagstauglich dabei, die zu sein, die man ist. Aus der letzten Rolle herauszuschlüpfen, *bevor* man in eine neue Rolle hineinschlüpft, ist eine wirklich gute Sache.

Mit den Wochen und Monaten entwickelst auch du eine gewisse innere Ruhe. Da diese Form der Eigenarbeit den Geist und die Gedanken klärt, wird mehr und mehr Klarheit und Konzentration in dein Leben kommen. Eines Tages wirst du den Wunsch verspüren, dich zurückzuziehen, um deine tägliche Reinigung durchzuführen. Du wirst bemerken, dass dieses persönliche Ritual immer länger dauert. Nicht, weil irgendjemand das erwartet, sondern weil du körperlich spürst, wie diese Reinigung durchgeführt wird. Du fühlst den Energiestrom durch dich fließen und erlebst dies mit Sicherheit als sehr angenehm.

Wenn du nervös bist oder Aggressionen in dir spürst, wirst du dich zunächst zurückziehen, um dich zu reinigen. Denn dir ist bewusst, dass in dieser inneren Unruhe keine guten Kontakte oder Entscheidungen möglich sind.

Bevor du dich mit einem Menschen in schwierigen Streitgesprächen verhedderst, wirst du die Situation und die Verbindungen zwischen dir und diesem Menschen reinigen. Wenn hierdurch Ruhe und Klarheit in dich eingezogen sind, wirst du in das klärende Gespräch mit diesem Menschen gehen. Dies kann dann ruhig und erfolgreich verlaufen. Denn alles, was bis hierher verknotet war und zu unguten Gefühlen geführt hat, wird gewandelt sein. Lediglich das, was noch auf deinem Lernweg liegt, wird zurückbleiben. Und das ist gar nicht so viel, wie du vielleicht denkst. Dein Leben ist nun frei für Verständnis und Kreativität.

Deine Erfahrungen in dieser Arbeit werden anwachsen wie die Blätter eines Buches. Du wirst nicht mehr darauf verzichten wollen. Mach es dir also nicht so schwer und baue dir so wenige Hürden ein, wie es überhaupt geht.

Die einzige Hürde, die du nehmen solltest, heißt: Reinige!

Reinigung »to go«

Wenn du zwischendurch so gar keine Zeit findest, um dein persönliches Ritual durchzuführen, du aber spürst, wie wichtig es genau *jetzt* wäre:

Bitte Erzengel Michael um die Errichtung des kosmischen, magischen, elektronischen, unüberwindlichen Schutzes um all das, was du bist.

Bitte ihn um Reinigung auf allen deinen Ebenen, so wie es jetzt gut und richtig ist.

Mit der Achtsamkeit, die dir gerade möglich ist, nimm einen beherzten Atemzug. Dieser soll dir ein Zeichen sein, dass die Reinigung *jetzt* durchgeführt wird. Natürlich ist dieser Atemzug nicht wirklich wichtig. Aber er hilft dir, dich kurz zu besinnen und dich bewusst für diese Reinigung zu entscheiden.

Bitte anschließend um das Ausbalancieren und Auffüllen deiner Energien.

Und selbst, wenn diese »Reinigung ›to go‹«-Version nicht die Perfektion dieser wunderbaren Eigenarbeit sein mag, besser kurz und knackig als gar nicht. Denn wenn wir selbst bemerken, dass gerade jetzt eine Harmonisierung gut täte, ist es wichtig, diesem Impuls nachzugehen. Es lohnt sich!!!

Schlusswort
Was hat die Reinigung in meinem Leben verändert?

Im August 2005 habe ich mit dem Reinigen begonnen. Ich war derart verheddert in meinem Leben, dass es einige Monate gedauert hat, bis ich klarer sehen konnte. Im Februar 2006 wurde mir im Bruchteil einer Sekunde die ganze Tragweite des *Wie*, des *Seit Wann* und des *Warum* klar. Ich habe mich geschüttelt und mir an den Kopf geschlagen. Wie konnte ich das all die vielen Jahre ausblenden?

Ich legte mich zunächst in die Badewanne und reinigte… innen und außen. Mein Mann kam nach Hause. Ich bat um ein Gespräch und erklärte ihm die ganze Situation und was mir alles klargeworden war, und er sagte ganz trocken: »Na, super. Das weiß ich schon seit Jahren. Und was machen wir jetzt?«

Wir haben gemeinsam den Ausstieg aus unserem selbstgebastelten Wahnsinn geplant und durchgeführt. Ich gebe zu, das war in unserem Erleben ein regelrechtes Freikaufen. Viel Geld wurde gebraucht, das wir so einfach nicht hatten. Also musste alles verkauft werden, Haus, Hof & Co. Und obwohl das jetzt dramatisch klingt, haben wir es nicht so dramatisch erlebt. Ich habe weiterhin meine energetische Arbeit an mir gemacht, und so musste sich mein Umfeld an dieses veränderte, höherschwingende, klarere energetische Niveau anpassen. Alles, was nicht in mein Leben passte, wurde hinausgespült. Das hätte mir klar sein müssen.

Mir war zu jedem Zeitpunkt sehr bewusst, dass auch meine Partnerschaft zur Disposition stand. Nein, sie war wirklich nicht erfreulich. Aber zu meiner Überraschung und Freude, hat auch sie sich verändert. Dies ganz sicher nicht nur durch die Energetische Reinigung. Wie ich jedoch schon zuvor gesagt habe: Sie ist die Grundlage von allem. Denn wenn in mir Unruhe war oder Ungerechtigkeit oder Drama oder Gemeinheit oder oder oder… Ich reinigte.

Und wenn ich dann wieder mit meinem Mann zusammenkam, war es so, wie mein lieber Freund es damals ausgedrückt hat: als hätte ich geduscht. Aber eben innen *und* außen. Anschließend sieht man die Welt einfach wieder klarer. Auch die eigene Rolle in dem Spiel kann man erkennen. Diese Rolle in Weisheit und Kraft zu wandeln, das ist ein Prozess, der trainiert werden darf und dennoch große Freude bringt.

Wie du merkst, bin ich noch immer mit meinem Mann zusammen. Und das nun seit vielen, vielen Jahren mit Freude. Er hat seinen Beruf genauso gestaltet, wie er schon immer arbeiten wollte. Ich selbst schreibe zu meiner eigenen Überraschung Bücher, bin Beraterin und gebe meine Erfahrungen und mein Wissen in Ausbildungen weiter. Mein vergangenes Berufsleben mit allen seinen Erfahrungen brauche ich an jedem Tag. Aber mein Berufsalltag ist so, wie man ihn sich an lauen Sommerabenden wünscht.

Die Familiensituation mit Eltern & Co. war sehr verheddert. Sie hat sich in den Jahren geklärt und neu sortiert, und heute erleben wir ein wohlwollendes Miteinander.

All das entwickelt sich, weil das eigene System sich klärt. Wir reinigen nicht andere Menschen oder deren Leben. Wir bleiben bei uns und reinigen lediglich die Bereiche, in denen die anderen oder das andere mit uns verbunden sind.

Dadurch hebt sich unser Energiefeld an, und alles was nicht passt, wird hinausgespült. Das stärkt mit der Zeit das Vertrauen, dass alles, was noch da ist, *jetzt* gebraucht wird. Und alles, was passt, wird bleiben.

Ja, ich ärgere mich auch noch. Und ich kann auch richtig sauer werden. Und *nein*, es scheint nicht an jedem Tag die Sonne, und ich atme auch nicht ständig Veilchenduft ein und aus. Ich führe ein ganz normales Leben. Genau wie du.

Aber es ist ein Leben, das Klarheit bringt: Klarheit zu erkennen, wo ich stehe, wie ich handeln sollte, ob etwas gut ist für mich oder ob ich besser die Finger davon lasse. Klarheit in meinen Reaktionen auf Menschen oder Dinge. Ob ich mich selbst überprüfen sollte oder ob der andere jetzt gerade mal einfach nur doof ist.

Es geht um Klarheit und darum, Ruhe zu bewahren und zu wissen, dass ich nicht zu kurz komme in diesem Leben. Da ich täglich intensiv mit und am Menschen arbeite, ist es besonders wichtig für mich, dass sich jeder dieser Menschen – so sympathisch er ist – ganz aus meinem Energiesystem löst, wenn er meine Räume verlässt. Und wenn der nächste Mensch diese Räume betritt, soll er diese – und auch mich – möglichst unbehelligt nutzen können. Dennoch geschieht es mir, ebenso wie dir, dass ich mich im Ton vergreife und schlichtweg einen blöden Tag habe. Und dann reinige ich.

Ich wünsche dir die besten und schönsten Erfahrungen mit dieser Form der Eigenarbeit. Hab Freude in deinem Leben und beleuchte deinen Weg so klar, dass du ihn stets gut erkennen kannst. An den trüben Tagen, an denen dein Licht scheinbar nicht ausreicht, wende dich an deine Hohe Führung. Sei dir sicher: Ihre Laterne scheint so hell, dass du deinen Weg erkennen wirst.

Ich grüße dich ganz besonders herzlich!
Deine Andrea

Glossar

Aufgestiegene Meister

Als Aufgestiegene Meister bezeichnen wir Lichtwesen, die unsere Entwicklung von der geistigen Ebene aus unterstützen. Diese nichtkörperlichen Wesen haben eine hohe Bewusstseinsstufe erreicht. Wie wir selbst, haben auch sie in unserem Erdensystem viele Leben durchlebt. Inzwischen konnten sie die Aufgaben, die in ihre Leben gespült wurden, lösen und ihre Energien ins Gleichgewicht bringen. Hierdurch haben sie die Ebene der Meisterschaft erreicht. Durch ihren eigenen Weg wissen sie, wie sich Menschsein mit all den Verwicklungen anfühlt und stehen uns in unendlicher Liebe und Hochachtung in allen Lebenslagen unterstützend zur Seite. Aufgestiegene Meister anderer Sternen- bzw. Energiesysteme ergänzen diese liebevolle Unterstützung. Auch unsere eigenen Existenzen sind nicht ausschließlich an die Erde gebunden.

Channel-Medium

Das Wort »channeln« kommt aus dem Englischen und bedeutet Kanalsein. Im Rahmen eines Channelings verbindet sich eine Person, das Medium, bewusst mit der geistigen Welt und dient als Kanal für eingehende Botschaften aus dieser Ebene. Es handelt sich somit um die mediale Fähigkeit, direkt mit Lichtwesen zu kommunizieren.

Jeder von uns channelt. Wir nehmen ständig geistige Impulse aus dem Raum um uns herum auf. Meist unbewusst wandeln wir diese Impulse in Gedanken, Sprache, Schrift,

Kunst und vieles mehr. Ist eine Person im bewussten Aufnehmen und Übersetzen dieser geistigen Impulse geschult, können Hinweise aus der geistigen Welt für uns Menschen sehr wertvoll sein. Diese Schulung ist meiner Erfahrung nach wichtig. Denn die empfangenen Hinweise dürfen eine Unterscheidung finden in den Fragen nach dem: »Woher kommt diese Information?«, »Ist sie durch Ego-Anteile eingefärbt?«, »Erreichen mich diese Informationen aus meinem eigenen oder wirklich aus einem hochschwingenden Feld?« Einem geschulten Channel-Medium ist es möglich, während der Informationsübermittlung das eigene Ego weitgehend auszuklammern, wenn dies wohl auch nicht zu 100 % möglich ist.

Christuskörper
Er ist der Sitz der Intuition und dient dem Erkennen der Gesetze des Lebens. Das Höhere Selbst hat hier seinen Raum.

Erdung
Wir kennen den Begriff Erdung aus der Elektrizität. Es ist wichtig, elektrische Geräte zu erden. Denn das stellt sicher, dass überflüssige Elektronen – also ein Zuviel an Energie – direkt vom Gerät in die Erde überfließen kann, ohne dass ein Mensch das Zuviel an Energie als Stromschlag erleben muss. Dies würde uns sonst schmerzhaft aus der Mitte stoßen und kann zu lebensbedrohlichen körperlichen Beeinträchtigungen führen.

Auch wir Menschen benötigen diese Verbindung zur Erde. Diese sorgt dafür, dass wir »auf dem Boden bleiben« bzw. »auf der Erde ankommen«. Viele Menschen möchten sich

aus der erlebten Erdenschwere erheben und in die nichtstoff-
liche Freiheit der geistigen Welt zurückkehren. Doch wir
haben uns auf unbewusster Ebene dafür entschieden, hier
auf der Erde zu sein. Es ist daher wichtig, hier ganz und gar
anzukommen. Um uns eigene Kraft, Selbstsicherheit, Stabilität, Klarheit und Standfestigkeit zu erschließen, müssen wir
uns in das Energiefeld der Erde einbinden. Dieses Verbinden
mit der Erde hält uns stabil und verhindert, dass uns Ereig-
nisse, Umstände oder energetische Zusammenhänge verun-
sichern oder gar die innere Stabilität ins Wanken bringen.
Erdung und ein hierdurch stabiles Angebundensein führt zu
innerer Ruhe und Gelassenheit.

Geistige Welt
Unter der geistigen Welt versteht man letztendlich alles, was
nicht physisch ist. Im spirituellen Bereich fassen wir in dem
Begriff geistige Welt unter anderem Engel, Aufgestiegene
Meister und die Wesen der Naturwelten zusammen.

Göttliche Quelle
Viele Begriffe werden hierfür genutzt: Gott, das Allerhöch-
ste, Ursprung allen Seins, Schöpferquelle, göttliches Gedan-
kenfeld, das ALL-EINE, ALL-DAS-WAS-IST, ICH BIN und unendlich viel mehr.

Höheres Selbst
Man könnte es beschreiben als das Wesen, das wir wirklich
sind. So wäre es jedoch auch nicht richtig. Denn wir sind
ein Anteil bzw. ein Aspekt dieses spirituell hochentwickelten

Wesens. Zum Höheren Selbst haben wir im alltäglichen Leben keinen direkten Zugang. Manche nennen es Seele oder unser göttlicher Funke. Es unterstützt uns in unserem stofflichen Leben, indem es uns Impulse sendet, die wir in der Regel unbewusst empfangen.

Lichtkörper

Unter dem Lichtkörper verstehen wir die Gesamtheit aller Körper, die einem Menschen zugehörig sind. Nach dem spirituellen Verständnis besitzt jeder Mensch nicht nur den physischen Körper, sondern verschiedene feinstoffliche Körper. Diese werden auch als Aura bezeichnet. Diese verschiedenen Körper sind Wahrnehmungsfelder, die miteinander wirken und aufeinander einwirken. Sie beeinflussen ganz konkret und erlebbar mindestens unser Wohlbefinden auf physischer, emotionaler und mentaler Ebene, jedoch auch alle von uns nicht bewusst erlebbaren Seinsbereiche. Als Lichtkörper bezeichnen wir also das Licht-Feld, das unseren physischen Körper, unseren Emotionalkörper, unseren Mentalkörper und all die Körper durchdringt und umhüllt, die in dem Kapitel »Reinigen und das Was« näher beschrieben sind. Je mehr sich der Lichtkörper entwickelt und ausdehnt bzw. in seiner Frequenz angehoben ist, um so erlebbarer und intensiver erfahren wir den Kontakt mit unserer höheren Bewusstseinsebene.

Multidimensionales Wesen

Alles, was existiert, ist nicht auf die aktuelle Seinsform begrenzt. Auch wenn wir unser JETZT als Mensch erleben, existieren wir zur gleichen Zeit in anderen Formen des Seins, in anderen Dimensionen und Wirklichkeitsfeldern. So sammeln wir zur gleichen Zeit einen nicht erfassbaren Erfahrungsschatz. Das Wort »Zeit« darf hier sehr gedehnt übersetzt werden. Denn lineare Zeitabläufe, wie wir sie hier auf der Erde empfinden, sind in anderen Dimensionen und Seinszuständen nicht existent.

Silber-Violette Flamme

Durch die geistige Welt wurde uns das wunderbare Geschenk der Silber-Violetten Flamme zur Verfügung gestellt. Sie ist ein mächtiges Werkzeug der Umwandlung, der Reinigung und der Transformation. Sie vermag Blockierungen, Schatten und Verwicklungen zu durchdringen, zu klären und aufzulösen. Hier sind keine Grenzen gesetzt, seien es schwächende Energien, Verbindungen oder Wunden und Belastungen aus aller Zeit und auf allen Ebenen.

Stelle dir die Violette Flamme tatsächlich violett vor, durchwirkt mit Silber. Dieses silberne Licht bzw. dieser silberne Strahl ist der Strahl der Gnade. Sein Dienst ist, dass die Reinigung, Wandlung und Transformation in Gnade sanft und liebevoll erfahren werden kann – eben immer so, wie es uns in unserem Sein unterstützt und dem Höchsten Wohle dient. DANKE dafür!

Über die Verfasserin

Andrea Moutty (1967) ist gelernte Kauffrau und war viele Jahre als Geschäftsführerin in verschiedenen Unternehmen tätig. Der Glaube an Leistung und Effizienz wurde von dem Zeitpunkt an in Frage gestellt, als die Astrologie in ihr Leben trat. Durch die Beschäftigung mit dieser Lehre entdeckte sie hinter dem Streben nach Optimierung und Effizienz den Menschen
– mit seinen Befindlichkeiten, doch vor allem mit seinen Stärken – und eine neue Wertschätzung des ganzen Menschen. Dieses durfte eine Ergänzung durch die Ausbildung zur Psychologischen Beraterin erfahren.

Seit dem Jahre 2002 berät sie Privatpersonen aber auch Unternehmen. Seit 2004 ist sie in eigener Praxis als Beraterin, Coach und Ausbilderin tätig; zunächst in Psychologischer Astrologie. Es folgten in diesem Bereich Vorträge, auch auf Fachtagungen, sowie die Veröffentlichung astrologischer Fachbücher und Referate in der astrologischen Fachpresse.

Doch wie es im Leben nun einmal ist, blieb es nicht bei der rein mentalen Beschäftigung mit dem Leben, dem Kosmos und dem ganzen Rest. Das Erfahren von geistig-energetischem Wissen folgte auf dem Fuß. Die Vereinigung aus dem bereits gelebten Wissen und der nachdrängenden Ebene wollte in den Alltag integriert werden. So entstand eine »weiche Prozessarbeit«, die in Kursen, Ausbildungen und Veröffentlichungen weitergegeben wird.

Ihre Kunden finden Unterstützung durch ihre Arbeitsbereiche als Psychologische Astrologin und als Psychologische Beraterin sowohl durch systemische Arbeit, psychologisch-energetische Arbeit als auch Transformationstechniken.

Mehr unter www.andrea-moutty.de

Weitere Bücher von Andrea Moutty

Der Berufsweg
aus psychologisch-astrologischer Sicht
Wir beschäftigen uns fast an jedem Tag mit dem Thema Arbeit. Viele Wünsche und Hoffnungen sind mit unserem Beruf verbunden.

Was auch immer die Triebfeder der Arbeit ist, praktisch oder ideell, oft kommt ein Punkt der Unzufriedenheit. Doch warum? Was genau ist da passiert? Die Astrologie kann Sie wunderbar unterstützen, wenn es darum geht zu klären, welche Kräfte auf Sie wirken, welche Position Sie gerade einnehmen und welcher Mangel in Ihnen schreit.

Der Lebensweg
aus psychologisch-astrologischer Sicht
Dieses Buch begleitet Sie auf Ihrer Reise durch die astrologischen Häuser. Es beschreibt die in den zwölf Häusern angelegte Kraft und die darin enthaltenen Chancen zum Erfolg.

Zurück ins Leben
Wie Gefühle Realität erschaffen
Jeder von uns hat die Möglichkeit sich zu entscheiden. Zu beschließen, was wir erleben und wie wir leben wollen. Bisher lebt das Leben uns. Wie wäre es, wenn wir das Leben leben würden?

Andrea Moutty beschreibt lebensnah und humorvoll, woran Sie selbst erkennen können, wie Gefühle und Überzeugungen Ihre Realität formen.

**Sie finden unsere Bücher in Ihrer Buchhandlung
oder im Internet unter www.neue-erde.de**

Im deutschen Buchhandel gibt es mancherorts Lieferschwierigkeiten bei den Büchern von NEUE ERDE. Dann wird Ihnen gesagt, dieses oder jenes Buch sei vergriffen. Oft ist das gar nicht der Fall, sondern in der Buchhandlung wird nur im Katalog des Großhändlers nachgeschaut. Der führt aber allenfalls 50% aller lieferbaren Bücher.

Deshalb: Lassen Sie immer im VLB (Verzeichnis lieferbarer Bücher) nachsehen, im Internet unter **www.buchhandel.de**

Alle lieferbaren Titel des Verlags sind für den Buchhandel verfügbar.

Bitte fordern Sie unser Gesamtverzeichnis an unter

NEUE ERDE GmbH
Cecilienstr. 29 · 66111 Saarbrücken
Fax: 0681 390 41 02 · info@neue-erde.de
www.neue-erde.de